Single, Paar und Marktwirtschaft

Walter R. Kaiser

Single, Paar und Marktwirtschaft

Partnerwahl abseits romantischer Liebe

Bibliographische Information der Deutschen Nationalbibliothek
Die Deutsche Nationalbibliothek verzeichnet diese Publikation in der
Deutschen Nationalbibliografie; detaillierte bibliographische Daten
sind im Internet unter http://dnb.b-nb.de abrufbar.

© 2012 Walter R. Kaiser
Titelfoto: © www.fotolia.com - #31915134
Herstellung und Verlag
BoD - Books on Demand GmbH, Norderstedt

ISBN: 978-3-8482-2942-0.

Inhaltsübersicht

6

Vorwort

Biologen und Verhaltensforscher reduzieren Partnerschaft und Liebe auf die Fortpflanzungsfunktion. Nobelpreisträger stellen Rechenformeln auf, mit denen man ermitteln kann, wann sich eine Ehe lohnt. Mathematiker berechnen, wie viele Partner man testen sollte, damit man nicht bei einem Ladenhüter hängen bleibt. Seit Internet-Kontaktportale die Kontaktanzeigen in Zeitungen verdrängt haben, ist das Wort „Partnermarkt" ein gängiger selbstverständlicher Begriff geworden wie Automarkt, Immobilienmarkt, Kunstmarkt. Und Psychologen und Verhaltensforscher ermitteln, welche Kriterien partnersuchende Personen bewusst und unbewusst bei ihren Entscheidungen zugrunde legen.

Doch in Film, Fernsehen, in Zeitschriften oder Romanen wird uns die idealisierte Liebe suggeriert, das harmonische Zusammensein, die ewige, seelentiefe, überwältigende, romantische Liebe. Dabei wird vergessen, dass Liebe in früheren Jahrhunderten für eine Ehe nicht unbedingt erforderlich war. Ehe war ein Geschäft zwischen Familien, vermittelt zwischen den Familienvorständen, oft zu einem Zeitpunkt, zu dem beide Partner noch Kinder waren. Und Soziologen stellen dann auch noch fest, dass heute die romantische Liebe eng mit dem Konsum von Gütern und Dienstleistungen verknüpft ist. Gefühle werden durch Güter ausgedrückt, die man bei einem vertraulichen

Zusammensein konsumiert oder verschenkt. Ja es gibt sogar Untersuchungen darüber, dass Liebe und Luxus zu der Entwicklung des heutigen Kapitalismus geführt haben könnten.

All diese Themen werden im folgenden Text behandelt. Die Erkenntnisse sind manchmal ernüchternd. Daher eine Warnung: Wer am Idealbild der romantischen Liebe kritiklos festhalten möchte, wer sich nicht mit der Realität der Partnerwahl auseinandersetzen will, der sollte einen weiten Bogen um dieses Buch schlagen. Wer aber wissen möchten, wie Partnerwahl wirklich abläuft, wie man zu einer Partnerschaft oder Ehe kommt auch wenn Amor mit seinen Liebespfeilen nicht voll getroffen hat, für den sind die folgenden Seiten und Abbildungen sicherlich ein Gewinn.

Heimsheim im November 2012

Walter R. Kaiser

ı Erste Ernüchterung

ı.ı Der Marktwert und das Klimakterium

A m 17. Juli 2010 um 8:09 Uhr stellte eine Frau Anfang vierzig folgende Frage ins Forum einer Internet-Partnervermittlung (Anonym 17.7.2010): *„Fällt mit dem Klimakterium für Frau der Marktwert schlagartig zusammen?"* Sie erläuterte den Grund ihrer Frage wie folgt: *„In jungen Jahren wurde ich hofiert. Sicher, jetzt, mit Anfang 40 und immer noch schlank und attraktiv, könnte ich auch die eine oder andere Affäre haben. Aber mit einem LEBENSPARTNER sieht es mau aus. Ist es eben doch so, dass für Männer allein die Option, noch Nachwuchs überhaupt in Betracht ziehen zu können, letztlich ein wichtiger Punkt bei der Partnerwahl ist? Muss ich mich langsam auf Alleinleben, Affären oder einen 60jährigen als Lebensgefährten einstellen? Ich bitte um REALISTISCHE Einschätzungen."*

Viele Geschlechtsgenossinnen gaben ihre Meinungen und Kommentare dazu ab. Hier eine kleine Auswahl. Die genannte Nummer ist die laufende Nummer der Beiträge.

(Nr. 9, 17.7.2010, 10:23) *„Also Mädel, was soll das denn? Ich bin w[weiblich] 56 und jenseits der Wechseljahre. Aus meiner Erfahrung kann ich sagen: Der Marktwert ist immer der, den frau sich selbst gibt. ...*

*Mein Marktwert ist ganz in Ordnung. Es gibt mehr Inte-
ressenten als ich dachte und nicht nur von den alten
Herren ..."*

(Nr. 11, 17.7.2010, 10:35) *„Für Frauen in den
40igern ist die Situation ... besonders schwierig, da sie
für etwa gleichaltrige Männer besonders wenig interessant sind. ... Ganz nüchtern betrachtet und zusammen-
gefasst: Jeder Mann versucht den besten Deal zu erreichen. Wer jüngere Frauen erreichen kann, nimmt sie.
Männer mit Kinderwunsch nehmen nur selten eine Frau
in den 40igern, sondern in den 30igern. Frauen Ü[über]
40 sind daher vor allem für Männer Ü[über] 50 interessant. Der Marktwert von Frauen sinkt mit dem Alter.
Der Marktwert von Männern ist weniger vom Alter
abhängig."*

(Nr. 58, 3.4.2011, 17:13) *„Also erstens: Der
sinkende Marktwert speziell [bei] Frauen ab 40 plus hat
für mich folgende Gründe. Diese Frauen wissen eben
was sie nicht mehr wollen, keinen Blender, keinen
Loser, keinen Betrüger und Lügner, keinen Fremdgeher,
keinen Faulenzer etc. Klar wird die Schicht, einen
potenziellen Partner zu finden, dann erheblich dünner.
... Frauen ab 40 sind meist gestandene Persönlichkeiten,
sie urteilen schärfer, haben aus Erfahrungen gelernt
und bleiben lieber Single, als wieder so einem wie oben
beschriebenes Exemplar zu begegnen."*

Auch der Soziobiologe *Eckart Voland (*1949)* hat
sich mit diesem Thema beschäftigt, sehr wissen-
schaftlich und sehr ernsthaft. Er stellt fest (Voland

2009, S. 145), dass der Marktwert einer Frau generell abnimmt, wenn sie älter wird und abhängigen Nachwuchs hat und er umso mehr steigt, je attraktiver ihre physische Erscheinung ist. Der Marktwert von Männern nimmt zu, wenn sie ordentliche Ressourcen, also Vermögen oder Einkommen bieten können. Das ist meist erst im fortgeschrittenen Altern möglich. Aber auch hier sinkt der Marktwert, wenn ein Mann noch abhängige Kinder zu versorgen hat. Doch eigentlich sagt einem dies auch der gesunde Menschenverstand.

Wie selbstverständlich wird hier der Begriff „Marktwert" benutzt, so, als würde man über ein Auto, einen Fernseher oder eine Digitalkamera reden. Wenn man aber von Marktwert spricht, unterstellt man auch einen Markt, einen Partnermarkt. Man unterstellt, dass dort Angebot und Nachfrage zusammentreffen. Und man unterstellt auch, dass ein wie immer gearteter Preis zu zahlen ist, wenn man von einem Angebot Gebrauch machen möchte.

Wäre damit bewiesen, dass heutzutage auch die zwischenmenschlichen Beziehungen und die Liebe – was immer man darunter verstehen mag – zu einem marktfähigen Produkt oder einer Dienstleistung geworden sind? Oder gilt noch, was der französische Soziologe *Marcus Mauss (1872 – 1950)* meinte (Maus 1990, S. 157): *„Zum Glück ist noch nicht alles in Begriffen des Kaufs und Verkaufs klassifiziert. Die Dinge haben neben ihrem materiellen auch einen Gefühlswert.*

Unsere Moral ist nicht ausschließlich eine kommer-zielle.“

Situation der Person	Veränderung Marktwert
Frauen werden älter, fordern weniger	↘
Frauen haben abhängigen Nachwuchs, fordern weniger	↘
Frauen sind physisch attraktiv, fordern mehr	↗
Männer bieten Ressourcen, fordern mehr	↗
Männer haben abhängigen Nachwuchs, fordern weniger	↘

Abbildung 1: Veränderung des Partner-Marktwertes
Der Marktwert auf dem Partnermarkt hängt sowohl vom äußeren Erscheinungsbild der Person als auch von sozialen Faktoren ab. Mit zunehmendem Alter sinkt der Marktwert bei Frauen, bei Männern ist dies nicht in gleichem Umfang der Fall. Abhängiger Nachwuchs ist in beiden Fällen ein Handicap.

Doch diese Aussage liegt einige Jahrzehnte zurück. Sie stammt aus dem Jahr 1950. Denn der Autor *Milosz Matuschek* stellt heute etwas ernüchtert fest (Matuscheck 24.7.2012): *„Der Kapitalismus stellt eine Choreographie kostenpflichtiger romantischer Rituale zur Verfügung, die der Beziehungsanbahnung dienen sollen, vom Essengehen über Theater- und Opernbesuche bis hin zu Fernreisen.“*

1.2 Singles in Deutschland

Was heißt denn eigentlich „Partnerwahl"? In einer Studie über das Internet als Partnermarkt wird das so definiert (Schulz/Zillmann 2009, S. 18): *„Die Partnerwahl ist ein Prozess, in dem die Menschen in aller Regel so lange suchen, bis sie einen geeigneten Kandidaten mit bestimmten Eigenschaften gefunden haben. Um überhaupt entscheiden zu können, ob eine andere Person als Beziehungspartner in Frage kommt, sind die Suchenden darauf angewiesen, die für sie relevanten Merkmale der Anderen zu erkennen."* Es fragt sich nun weiter, was denn solche „relevante Merkmale" sind.

Doch zuerst ein Blick auf ein paar nüchterne Daten über Haushalte, Singles, Scheidungsraten und Zufriedenheit. Da wäre zuerst die Frage, wie viele Haushalte es in Deutschland aktuell gibt. Nach den Zahlen des Statistischen Bundesamtes waren es im Kalenderjahr 2010 16,2 Millionen Ein-Personen-, also klassische Single-Haushalte. Es gab 13,8 Millionen Zwei-Personen-Haushalte, dann noch 5,1 Millionen Drei-Personen-Haushalte und 5,2 Millionen Haushalte mit vier und mehr Personen. Wenn wir von einem Partnermarkt sprechen, dann wären potentielle Marktteilnehmer auf diesen Markt mindestens die Personen in den Ein-Personen-Haushalten. Da aber auch eine alleinerziehende Person mit einem Kind zu den Zwei-Personen-Haushalten zählt, aber dennoch Single ist, kämen aus dieser Gruppe noch ein paar weitere hinzu. Zu den Singles gehören die, welchen noch nie verheiratet waren, aber auch solche, die es schon einmal waren und geschieden oder verwitwet sind. Wer noch nie verheiratet war, gehört zu den „primären Singles", geschiedene oder verwitwete Personen sind die sogenannten „sekundären Singles".

Wie viele Ehen werden heute geschieden, bezogen auf die Eheschließungen? Die Statistik zeigt ein eigentlich erschreckendes Bild. Lag die Scheidungsrate in den Jahren 1951 – 1960 noch bei niedrigen 12,1 Prozent, hat sie sich kontinuierlich bis in den Zeitraum 2001 – 2010 auf beachtliche 51,5 Prozent erhöht. Etwas pauschal betrachtet, scheitert also heute jede zweite Ehe.

Nach einer Untersuchung aus dem Jahr 2007 (www.faz.net 7.11.2007) haben meist die Frauen die Scheidung beantragt, nämlich 56 Prozent. Zu etwa einem Drittel, genauer 36 Prozent, waren es die Männer und zu 8 Prozent haben beide die offizielle Trennung eingeleitet. Ehepartner sind heutzutage also weniger bereit ist, in einer unbefriedigenden Beziehung auszuharren. Hinzu kommt erleichternd, dass die Versorgungsehe für Frauen mehr und mehr ausgedient hat. Immer mehr Frauen haben qualifizierte Berufe und dadurch ein angemessenes eigenes Einkommen und sind damit weniger von einem „Versorger" abhängig. Das macht die Entscheidung gegen die Fortsetzung einer Ehe natürlich leichter.

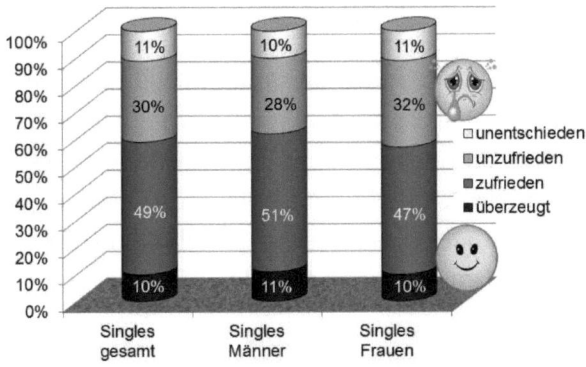

Abbildung 2: Unzufriedenheit mit dem Single-Dasein
Eine Umfrage aus dem Jahr 2012 zeigt, dass nur 10 % der Singles überzeugte Singles sind. Die Hälfte ist mit ihrem derzeitigen Status insgesamt zufrieden und knapp ein Drittel ist unzufrieden. Theoretisch sind damit alle Singles, die nicht von ihrem Single-Dasein überzeugt sind, potentiell vermittelbare Personen auf den Partnermarkt. Die interessanteste Zielgruppe sind die unzufriedenen.

Wie zufrieden oder unzufrieden sind nun die Singles mit ihrer Situation? Eine Studie aus dem Jahr 2011 zeigt folgendes Bild (Köcher 22.02.2012): Nur 10 Prozent sind überzeugte Singles und möchten die Situation auch nicht ändern; 49 Prozent , also knapp die Hälfte, sind aktuell mit ihrem Single-Dasein zufrieden; aber knapp ein Drittel, genau 30 Prozent, sind unzufrieden. Diese Unzufriedenen sind in engerem Sinne das Potential am Partnermarkt, also immerhin in Deutschland etwa 5 Millionen Personen. Von ihnen ist zu erwarten, dass sie ihr Single-Dasein lieber beenden möchten.

Fassen wir kurz zusammen: Jede zweite Ehe wird geschieden. Es sind meist die Frauen, welche die Scheidung einreichen. Von den rund 16 Millionen Singles in Deutschland sind über die Hälfe zufrieden mit ihrer Situation, aber etwa 5 Millionen nicht. Die bilden im engeren Sinne den Partnermarkt in Deutschland.

2 Die Biologie von Sex und Liebe

Bevor wir uns näher mit Mechanismen und Kriterien bei der Partnerwahl beschäftigen, wenden wir uns zwei Fragen zu: a) Warum kam es eigentlich zur sexuellen Fortpflanzung? und b) Was ist eigentlich Liebe? Diesen Fragen nähern wir uns aus der Sicht von Evolutionsbiologen und Biopsychologen. Denn unsere biologische Vergangenheit kann uns zeigen, warum wir bestimmte Verhaltensweisen an den Tag legen, Verhaltensweisen, die auch unser Partnerwahlverhalten immer noch stark mitbestimmen.

2.1 Das Ende der Menschheit

Weil die folgenden Ausführungen wahrscheinlich nicht für jeden Leser sofort akzeptabel sein könnten, beginnen wir mit einem Gedankenexperiment.

Stellen wir uns einmal vor, auf unerklärbare Weise würden weltweit innerhalb sehr kurzer Zeit alle Männer zeugungsunfähig werden oder Frauen würden keine überlebensfähigen Kinder mehr zur Welt bringen können. Und gehen wir weiter davon aus, dass auch das Klonen keine brauchbare Alternative darstellen würde. Zumindest eines wäre sicher: Innerhalb von etwa einhundert Jahren wäre die Menschheit ausgestorben. Was wäre dann der Sinn menschlicher Aktivitäten, wenn man wüsste, dass alles letztlich umsonst ist, dass mit unseren Kindern oder Enkeln dem Menschengeschlecht und damit unserer gesamten Kultur das letzte Stündlein geschlagen hätte? Selbst Personen, die sich bewusst bisher gegen eigene Kinder entschieden haben oder denen es biologisch nicht möglich war, eigene zu haben, würden wahrscheinlich am Sinn ihres Lebens zweifeln. Nur ein paar religiöse Fanatiker würden vielleicht das Ende der Menschheit, die Endzeit sehnsuchtsvoll herbeisehnen, weil sie dann für sich erhoffen, in den Himmel zu kommen. Aber die meisten Menschen würden ohne Zweifel in eine tiefe Depression verfallen. Ein Leben ohne Hoffnung, dass es mit der Menschheit irgendwie weitergeht, scheint sinnlos zu sein. Ob Chaos ausbrechen würde oder stumme Verzweiflung sich breitmachte, bleibt hier eine offene Frage. Beides wäre wohl denkbar.

Jenseits aller kurzfristigen persönlichen Ziele wie Gesundheit, Wohlstand, Partnerschaft oder Ehe scheint unterschwellig das einzige Ziel unseres Daseins vorborgen zu sein. Es wird ausgedrückt im sogenannten biologischen Imperativ, der da lautet: *Jedes Individuum möchte möglichst lange leben und seine Gene in die nächste Generation weitergeben.* Dies scheint auf den ersten Blick eine unzulässige Vereinfachung menschlicher Lebensziele zu sein. Mit Blick auf das vorherige Szenario, das Ende der Menschheit, kann man allerdings folgern: Das genetische Überleben in Kindern ist für heutige Kulturmenschen nicht alles, aber ohne Kinder ist alles nichts.

Nun sind wir eine zweigeschlechtliche Spezies. Unsere Nachkommen entstehen nicht als Klone unserer selbst sondern durch Sex. Und damit dies geschehen kann, sind Weibchen und Männchen, Frau und Mann erforderlich. Doch die müssen sich erst einmal finden, dann zumindest kurzfristig zu einem Paar werden und auch noch dafür sorgen, dass die Nachkommen das geschlechtsreife Alter erreichen. Viele Evolutionsbiologen und Biopsychologen folgern daraus, dass alles menschliche Verhalten direkt oder indirekt diesen Zielen dient. Sie anerkennen allerdings auch, dass manche Verhaltensweisen aus unserer weit zurückliegenden Entwicklungsgeschichte damals vielleicht sinnvoll gewesen sein mögen, es heute aber nicht mehr sind. Sie haben zudem festgestellt, dass viele Mechanismen der Partnerwahl unbewusst ablaufen, ja dass wir uns oft weigern, dies vor uns selbst einzugestehen.

Damit stehen wir vor einem Problem bei den folgenden Ausführungen. Weil wir auch Kulturwesen sind, weil wir kulturell oder religiös geprägte Vorstellungen haben von dem, was wir sind oder sein sollten, regt sich bei manchen Erklärungen starker innerer Widerstand. Die biologischen Mechanismen zu verleugnen mag zwar dem Ego schmeicheln, nützen tut es wenig.

2.2 Vom Überleben und Fortpflanzen

Zuerst einmal die Unterscheidung zwischen natürlicher und sexueller Selektion. Was ist das? Bei der natürlichen Selektion überleben diejenigen Lebewesen, die aktuell an die Umwelt am besten angepasst sind. Es sind also nicht die stärkeren, sondern die bestangepassten Individuen mit den höchsten Überlebenschancen.

Dann gibt es noch die sexuelle Selektion. Wer hier das Rennen macht, hat einen Sexualpartner gefunden und ist in der Lage, seine Gene über seine Nachkommen in die nächste Generation weiterzugeben. Dazu muss der andersgeschlechtliche Partner den Auswahlkriterien des anderen Partners entsprechen. Es nützt evolutionär wenig, möglichst lange zu leben, aber dann die Jahrtausende lange genetische Erbfolge von unseren unzählbaren Vorfahren bis zu uns nun abbrechen zu lassen.

Die schaufelartigen Pfoten des Maulwurfs beispielsweise sind Ergebnis der natürlichen Selektion. Sie sind Anpassung an die Lebensumwelt. Es ist eine ökologisch-ökonomische Anpassung. Sie ist nützlich für das individuelle Überleben. Das sehr bunte Federkleid eines Goldfasanengockels ist entstanden, weil die Hennen buntere Federkleider beim Gockel bevorzugen und sich bevorzugt mit ihm paaren wollen. Es ist nützlich für die Fortpflanzung. So hat sich diese Eigenschaft mehr und mehr verbreitet, weil eben die bunten Gockel mehr Nachkommen hatten. Wer kein so buntes Federkleid besitzt, geht bei der Balz um eine Henne meist leer aus. Aber die Farbenpracht hat auch Nachteile, sie ist ein Handicap. Fressfeinde entdecken dieses Exemplar eher. Und auch beim Pfau beispielsweise sind die großen Rad schlagenden Schwanzfedern bei der Flucht äußerst hinderlich. Wer aber ein Handicap hat und dennoch überlebt, muss besonders gute Gene haben, muss körperlich besonders fit sein.

Wir können daher sagen: Eigenschaften, die sich bei einer Spezies herausgebildet haben, bringen entweder einen individuellen Vorteil, also längeres Leben, zumindest bis ins fortpflanzungsfähige Alter. Oder sie führen zu sexuellen Vorteilen, also Bevorzugung durch den andersgeschlechtlichen Partner. Solche Eigenschaften sind Fitness-Indikatoren, also indirekte Hinweise, dass das betreffende Individuum wahrscheinlich besonders fit zu sein scheint.

Fitness meint in diesem Zusammenhang, dass die betreffenden Individuen mehr Nachkommen haben, als deren Artgenossen. Ein sportlicher, gut aussehender, muskelbepackter aber impotenter Mann oder ein bildhübsches, sexy Model, dass sich seine Figur durch eine Schwangerschaft nicht ruinieren will, sind aus rein biologisch-evolutionärer Fitnesssicht keine wertvollen Mitglieder unserer Art. Um kein Missverständnis aufkommen zu lassen: Sozial könnten sie aber dennoch wertvolle Mitglieder der gegenwärtigen Gesellschaft sein.

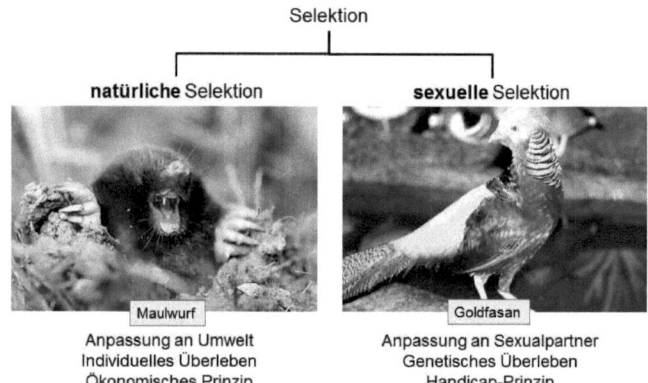

Abbildung 3: Natürliche und sexuelle Selektion

Bei der natürlichen Selektion geht es um das Überleben des Individuums mindestens bis ins geschlechtsreife Alter. Die Angepasstheit an die natürliche Umgebung ist dabei entscheidend. Bei der sexuellen Selektion geht es darum, einen geschlechtsreifen Partner zu finden und gemeinsame Nachkommen zu zeugen. Es kommt hier darauf an, dem anderen Geschlechtspartner aufzufallen und von ihm gewählt zu werden.

2.3 Was Sex biologisch bringt

Wenden wir uns dem Sex zu. Es gibt zwar einige Arten, die sich asexuell fortpflanzen. Sie erstellen genetisch identische Kopien ihrer selbst: Klone. Bakterien beispielsweise sind wahre Meister dieser Methode, auch Geckos, eine Eidechsenart, gehören dazu, ebenso der Hammerhai. Höchstens durch zufällige Erbänderungen, also Mutationen, verändert sich das Genom, die Gesamtheit der Erbinformationen. Doch Säugetiere und auch Vögel pflanzen sich sexuell fort. Die Nachkommen besitzen eine Kombination des Erbmaterials beider Elternteile.

Der Aufwand für diese Reproduktionsweise ist im Vergleich zur asexuellen Weise recht hoch *(Abbildung 4: Aufwand bei der Fortpflanzung)*. Einmal muss ein gegengeschlechtlicher Partner gefunden werden. Man muss ihn suchen oder durch Signale auf sich aufmerksam machen, akustisch, optisch oder olfaktorisch. Dann beginnt die Partnerwerbung durch das Männchen und die Auswahl durch das Weibchen. Es gilt nämlich: Männchen werben – Weibchen wählen. Auch die Kopulation, die sexuelle Vereinigung, kostet Energie und ist beispielsweise für Spinnenmännchen nicht ganz risikofrei, denn (Anhäuser 25.6.2003): *„Vielen Spinnenmännchen schlägt nach dem Sex das letzte Stündlein: Sie dienen ihrer Partnerin als Snack danach.“*

Bei Säugetieren, und wir Menschen gehören ja dazu, muss der weibliche Körper aufwändig Eizellen produzieren, bestehend aus dem Erbmaterial und Nährstoffen darum herum. Das Männchen dagegen erzeugt Unmengen von Spermien, die wesentlich sparsamer herzustellen sind und fast ausschließlich aus Erbmaterial bestehen. Und da man ja die Männchen zur Befruchtung braucht (auch wenn sie ihre

Ergüsse bei einer Samenbank abliefern würden, ob Zuchtstier oder Mann), müssen die natürlich auch aufgezogen und bis ins geschlechtsreife Alter durchgefüttert werden. Dieser gesamte Aufwand ist bei asexueller Fortpflanzung nicht nötig.

Kriterium	+/-	sexuell	asexuell
Aufwand für Partnerwerbung	-	Ja	Nein
Aufwand für Vereinigung	-	Ja	Nein
Aufwand für Produktion Keimzellen	-	Ja	Nein
Aufwand für Produktion und Aufzucht Männchen	-	Ja	Nein
Elimination schädlicher Mutationen	+	Ja	Nein
Höhere Parasitenresistenz	+	Ja	Nein
Erneuerung Genmaterial	+	Ja	Nein
Anpassung bei Umweltänderungen	+	Ja	Nein

+ : vorteilhaft
- : nachteilig

Abbildung 4: Aufwand bei der Fortpflanzung
Asexuelle Fortpflanzung scheint insgesamt für das einzelne Individuum und auch für eine gesamte Population weniger aufwändig zu sein. Der höhere Aufwand bei sexueller Fortpflanzung lohnt sich für eine Art dennoch. Durch den variantenreicheren Genpool erhöhen sich die Widerstandskraft gegen Krankheiten und die Chance, bei überraschenden Umweltänderungen zu überleben.

Warum hat sich Sexualität dennoch durchgesetzt? Die Vorteile sind beachtlich. Man hat festgestellt, dass schädliche Erbänderungen von sexuell erzeugten Nachkommen besser eliminiert werden. Ebenso sind sie resistenter gegen Parasiten. Zudem

24

wird das Genmaterial laufend durchmischt und damit erneuert. Damit ist der sogenannte Genpool einer Art variantenreicher. Wenn nun überraschende Umweltveränderungen stattfinden oder eine neue Krankheit auftritt, gibt es dadurch mit hoher Wahrscheinlichkeit einige Exemplare der sexuell erzeugten Individuen, die genau diejenigen Eigenschaften genetisch mitbekommen haben, die zum Überleben jetzt notwendig sind wie z.B. Resistenz gegen diesen neuen Krankheitserreger. Damit steigen die Überlebenschancen dieser Individuen und insgesamt der Art. Trotz des erheblichen Mehraufwandes bei sexueller Fortpflanzung überwiegen also die Vorteile gegenüber asexueller Reproduktion. Sex lohnt sich also für eine Art.

2.4 Liebe und Biologie

Nun zur Liebe. Gleichgültig wie man Liebe definieren mag – und es gibt sehr viele verschiedene Definitionen – ist allen Erscheinungen eines gemeinsam: Mindestens ein Partner fühlt sich zum anderen sehr hingezogen. Wenn die Zuneigung nicht erwidert wird, ist das eine ziemlich einseitige und frustrierende Angelegenheit. Befriedigend und beglückend ist es bei Menschen dann, wenn auch der andere Partner ähnliches empfindet und zu erkennen gibt. Liebe ist in den heutigen westlichen Gesellschaften meist gleichgesetzt mit einer exklusiven Partnerschaft zwischen Mann und Frau. Die rein biologisch „unproduktiven" homosexuellen oder lesbischen Beziehungen seien für die folgenden Betrachtungen einmal außer Acht gelassen. Sie stellen nicht die Mehrheit dar.

Ob sich Fische beispielsweise lieben, ist höchst ungewiss. Das Weibchen produziert ein Laichgelege mit vielen tausend Eiern. Das Männchen befruchtet das Gelege nachdem es abgelegt worden ist. Und in den meisten Fällen verschwinden dann beide wieder. Der Nachwuchs ist sich selbst überlassen. Viele Nachkommen aus dem Laichgelege überleben nicht, aber einige kommen immer durch. Die meisten Fischeltern haben keinen Aufwand mit der Aufzucht.

Anders sieht es aus bei den Säugetieren, besonders bei den größeren. Dort können die Weibchen nur wenige Nachkommen während ihrer Lebenszeit gebären. Und dann sind die auch noch für eine lange Zeit auf den Schutz und die Ernährung durch die Erzeuger angewiesen. Relativ lang ist diese Pflegezeit bei den Primaten, also den Menschenaffen. Die Überlebenschancen der Neugeborenen erhöhen sich daher beträchtlich, wenn nicht nur ein Elternteil, meist das Weibchen, für den Nachwuchs sorgt, sondern auch das Männchen in die Aufzucht der Nachkommen investiert. Bei Menschen ist die Fürsorgezeit für die Nachkommen beträchtlich. Es dauert Jahre oder heute Jahrzehnte, bis ein Säugling erwachsen geworden ist und selbst für sich sorgen kann.

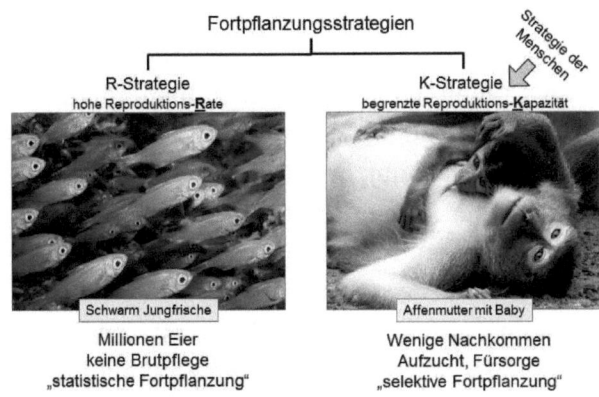

Abbildung 5: Fortpflanzungsstrategien
Bei der R-Strategie werden viele Nachkommen gezeugt, von denen sehr viele zu Beginn ihres Lebens wieder sterben (Beispiel: Fische). Bei der K-Strategie können nur wenige Nachkommen gezeugt werden, die mit hohem Pflege- und Betreuungsaufwand aufgezogen werden müssen. Große Säugetiere (auch der Mensch) vermehren sich nach der K-Strategie.

Evolutionsbiologen unterscheiden daher zwei grundsätzlich verschiedene Strategien der Fortpflanzung. Die eine ist die sogenannte R-Strategie (*R* steht für hohe *R*eproduktionsrate): Sie ist charakterisiert durch sehr viele Nachkommen, von denen aber auch viele zu Beginn ihres selbständigen Lebens zugrunde gehen. Die andere ist die K-Strategie (*K* steht für begrenze Reproduktions-*K*apazität): Es werden hier nur wenige Nachkommen gezeugt, die mit großen Pflege- und Betreuungsaufwand aufgezogen werden müssen.

Aber warum sollte ein Mann bei einer Frau bleiben, mit der er Sex hatte? Er könnte mit vielen anderen Frauen weitere Nachkommen in die Welt setzen und so seine genetische Fitness optimieren. Damit der Mann bleibt, braucht es also eine irgendwie geartet Bindekraft, ein Belohnungssystem. Viele Verhaltensforscher und Biologen meinen, dass dies der Sex sei. Denn Frauen sind auch außerhalb ihrer fruchtbaren Tage fähig und willens, mit dem Mann zu verkehren. Bei der überwiegenden Zahl anderer Säugetiere ist dies nicht der Fall. Und Sex macht Spaß – meist jedenfalls oder zumindest bis zu einem gewissen Alter. Der Mann spart sich, wenn er bleibt, außerdem den Werbeaufwand, den er betreiben müsste, wollte er mit anderen Frauen Kinder zeugen. Zudem gibt es in unserer Gesellschaft auch rechtliche, moralische und nicht zu vergessen beträchtliche finanzielle Konsequenzen, die einem sexuellen Herumvagabundieren von Männern einen Riegel vorschieben.

Sexuelle Bereitschaft der Frau auch an unfruchtbaren Tagen, bessere Chancen für den Nachwuchs wenn beide in ihn investieren, das wären damit also zwei bedeutsame biologische Ursachen für menschliches Bindungsverhalten. Dass Zuneigung und Liebe zwischen Mann und Frau ein sehr wirksames emotionales Bindemittel ist, kann nicht bestritten werden. Doch damit hätte die Liebe zwischen Mann und Frau – was immer man darunter verstehen mag –

eine biologische Ursache im Dienste der Fortpflanzung.

2.5 Streunende Männchen, klammernde Weibchen

Wer investiert dennoch in der Regel am meisten in
den Nachwuchs? Bei Säugetieren sind es überwiegend
die Weibchen. Zusätzlich gibt es erhebliche gesundheitliche Risiken bei Schwangerschaft und Geburt.
Hinzu kommt, wie erwähnt, dass die Produktion von
Eiern für den weiblichen Körper wesentlich aufwän-
diger ist und in größeren Abständen geschieht, als die
Massenproduktion von Spermien bei den Männern.
Der Engpass für die Anzahl möglicher Nachkommen
sind also die Frauen.

Da wir Menschen nun einmal zu den Säugetieren gehören, kann man daraus Vorhersagen für das
generelle Paarungsverhalten von Männern und
Frauen ableiten: Frauen müssten Wert legen auf einen
genetisch und ökonomisch potenten Partner. Männer
dürften weniger wählerisch sein bei der Auswahl
ihrer Sexualpartnerinnrn und von der biologischen
Veranlagung her zur vielen Partnerinnen tendieren.
Oder, um es in einem Bild auszudrücken: Frauen
suchen den Diamanten, Männer sind auch mit
schicken Murmeln zufrieden. Natürlich ist dies eine

generalisierende Aussage. Es gibt sicherlich Ausnahmen. Aber die Ausnahmen bestätigen ja nur die Regel.

Abbildung 6: Auswahlstrategien der Geschlechter
Männchen können die Anzahl Nachkommen erhöhen, indem sie mit vielen Weibchen kopulieren. Die Reproduktionskapazität der Weibchen ist begrenzt durch Schwangerschaft und Investitionen in die Aufzucht. Daraus ergeben sich die generellen Wahlstrategien der Geschlechter: Männchen suchen Quantität, Weibchen dagegen Qualität (genetische und soziale). Die sogenannte romantische Liebe als Auswahlkriterium ist erst seit wenigen Jahrhunderten ein zusätzliches Kriterium der Partnerwahl.

Trotz aller Kultur, Ethik, Moral, Religion und Erziehung sind wir genetisch noch weitgehend identisch mit unseren Vorfahren, die in Höhlen hausten und im Vergleich zu heute eine recht geringe Lebenserwartung hatten. Viele heute scheinbar unerklärliche Verhaltensweisen haben sich in jener Zeit herausgebildet und bis heute gehalten. Bei der Auswahl unserer Sexualpartner wirken sie immer noch unbewusst und damit unerkannt mit. Auch für uns Menschen gilt daher weiterhin der sogenannte biologische Imperativ, der da lautet: *Lebewesen wollen als Individuum möglichst lange leben und ihre Gene in die nächste Generation weitergeben!* Die romantische Liebe ist ein Produkt erst der letzten Jahrhunderte. Sie ist für die Partnerwahl nicht der alleinige Maßstab, wie wir noch erkennen werden – obwohl wir das gerne glauben möchten.

3 Heimliche Beeinflussung und unbewusste Wahl

Um besser zu verstehen, wie wir oft in unserem Verhalten gesteuert oder manipuliert werden, machen wir einen kurzen Ausflug in die Verhaltenswissenschaft. Mit der Fremdsteuerung, also Manipulation unseres Verhaltens verdient die Werbebranche Unmengen Geld. Unternehmen und politische Parteien geben Millionen Euro jährlich aus, um uns von ihren Produkten oder Kandidaten zu überzeugen, um an unser Geld oder unsere Stimme zu kommen.

3.1 Warum Frauen MINI lieben

Ein sehr bekanntes klassisches Experiment zum Verhalten ist das mit dem *Pawlowschen* Hund. Der russische Mediziner und Nobelpreisträger *Ivan Petrowitsch Pawlow (1849 – 1936)* hatte einem Hund Fressen dargeboten. Der Hund produzierte in Erwartung des Fressens vermehrt Speichel. Dann hat *Pawlow* Fressen dargeboten und gleichzeitig eine Glocke geläutet. Der Hund speichelte ebenfalls. Nach einigen Wiederholungen mit Fressen und gleichzeitigem Glockenläuten hat *Pawlow* nur noch die Glocke geläutet. Der Hund produzierte nun allein aufgrund des Glockentons genauso viel Speichel, wie vorher mit dem dargebotenen Fressen. Die Erkenntnis daraus: Eine körperliche Reaktion, der Speichelfluss, wurde abgekoppelt vom ursprünglichen Auslöser, das Fressen, und an ein neutrales Signal, den Glockenton, gekoppelt. Das wäre eine sogenannte klassische Konditionierung zur Verhaltenssteuerung, der auch wir in vielen Fällen unterliegen – ohne es zu bemerken und ohne dass wir es beeinflussen können. Ein unbedarfter Beobachter ohne Kenntnis der Versuchsanordnung, könnte nicht erklären, warum bei diesem Hund nach dem Glockenläuten Speichel fließt.

Ein anders bekanntes Beispiel, wie unsere Gefühle beeinflusst werden können, ist das sogenannte Kindchen-Schema. Babys und Kleinkinder wecken bei jedem emotional normal entwickelten Erwachsenen in der Regel positive Gefühle. Ausgelöst wird dies durch eine Kombination verschiedener charakteristischer Merkmale: hohe Stirn, Pausbacken, rundliches Gesicht Stupsnase, große Augen und tollpatschige Bewegungen. Auch wenn junge Tiere wie Katzen, Hunde, Kaninchen oder Vögel ähnliche Merkmale aufweisen, finden wir sie niedlich und zum kuscheln. Wir können uns gegen diese automatische Reaktion nicht wehren. Politiker, ob in Demokratien oder Diktaturen, zeigen sich ebenfalls gerne mit Kleinkindern. Damit soll die Gedankenkette erzeugt werden: Wer es mit kleinen Kinder kann, der ist sicherlich kein schlechter Mensch. Es findet ein Emotionstransfer statt. Durch diese unbewussten Reaktionen sind wir manipulierbar.

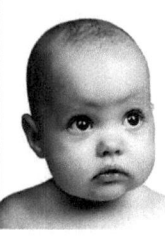

Kindchen-Schema
weckt positive Emotionen

Abbildung 7: Kindchenschema und MINI

Das sogenannte Kindchenschema weckt positive Emotionen. Kennzeichen sind: hohe Stirn, große Augen, Pausbacken, Stubsnase, rundliches Gesicht. Dies gilt auch für Jungtiere mit ähnlichen Merkmalen. In der Werbung wird dies benutzt, um einen Emotionstransfer auf das beworbene Produkt zu erreichen.

Eine Untersuchung hat beispielsweise gezeigt, dass viele Frauen MINIs lieben (Peters 20.4.2010). Damit sind keine kurzen Röcke gemeint, sondern die Automarke Mini-Cooper. Die Frontseite weist ähnliche optische Merkmale auf, wie ein Babygesicht. Große runde Scheinwerfer, Schmollmund ähnlicher Kühlergrill, kompakte rundliche Form. Auch soll ein babyhaftes Aussehen junger Frauen bei vielen Männern den Beschützerinstinkt und die Erinnerung an kindliche Unschuld wecken.

3.2 Gesund ist schön

Bei der Partnerwahl spielt die eigene Attraktivität und die des Partners/der Partnerin eine wichtige Rolle. Nun ist Attraktivität, wie wir später noch sehen werden, ein Begriff mit vielen Facetten. Eines scheint aber zweifelsfrei festzustehen: Schönheit gehört als ein wichtiges Merkmal mit dazu. Es gibt zwar Redensarten wie: „Schönheit entsteht im Auge des Betrachters" oder: „Über Schönheit kann man streiten". Und nicht wenige Soziologen und Psychologen meinen, dass das, was jemand als schön empfindet, von der jeweiligen Kultur abhänge.

Der Humanethologe *Irenäus Eibel-Eibesfeldt* kommt jedoch zur Erkenntnis (Eibl-Eibesfeld 2004, S. 922): *„Schönheit ist sicher nicht ausschließlich eine erworbene Geschmacksangelegenheit. Behauptungen zum Gegenteil begründen sich nicht auf wissenschaftlichen Untersuchungen, sondern präsentieren ein Wunschbild, das der Angst vor ungerechter Diskriminierung entspringt."* Denn Untersuchungen ergaben, dass schon Kleinkinder im Alter von zwei bis drei Monaten schöne Gesichter vorziehen. Unser Verständnis von Schönheit muss daher zumindest teilweise genetisch bedingt sein.

Wenn wir einer Person des anderen Geschlechts begegnen, dann scannen wir das Gesicht und die äußere Körperform ab. In der früheren Geschichte unserer Spezies waren unsymmetrische

35

Gesichtszüge, eine unreine Haut und entstellte schlechte Zähne deutliche Hinweise darauf, dass diese Person in der Vergangenheit möglicherweise von Parasiten befallen war oder noch ist. Das galt für beide Geschlechter.

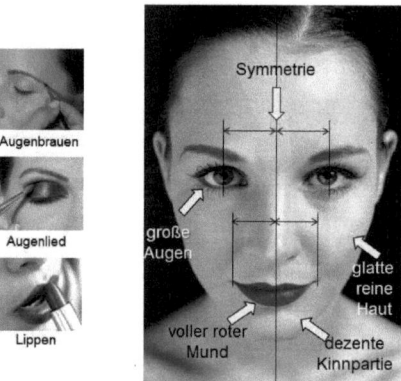
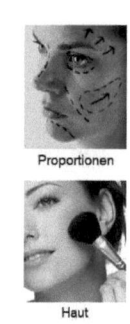

Abbildung 8: Gesichtsmerkmale fraulicher Schönheit
Gesichts- und Körpersymmetrie sind Indikatoren für gute Genqualität, sowohl bei Frauen als auch bei Männern. Attraktive Frauengesichter sind gekennzeichnet durch: große Augen, hohe Augenbrauen, volle Lippen, kleine Nasen, dezente Kinnpartie und glatte reine Haut. Durch Kosmetika können diese Partien optisch verbessert werden. Mit Schönheitsoperationen sind auch größere Korrekturen möglich.

Um der Ansteckung zu entgehen wurden diese Personen möglichst gemieden. Das Risiko wäre ansonsten vorhanden, dass auch die Nachkommen mit körperlichen oder geistigen Defiziten geboren werden. Als Geschlechtspartner kamen sie freiwillig nicht infrage. In westlichen Gesellschaften sind es hauptsächlich Frauen, die über das Gesicht Signale von Gesundheit und Jugendlichkeit transportieren wollen. Diese sind, wie viele Untersuchungen zeigen, bedeutende erste Auswahlkriterien für Männer gleichgültig welchen Alters.

P. P. Rubens: Toilette der Venus
(ca. 1612 – 1615)

Wahl zur Miss Germany
(2011)

Abbildung 9: Körperideale der Frauen früher und heute
Im Zeitalter des Barock (ca. 1575 – 1770) waren üppige fleische Frauenkörper das Körperideal. Heute sind es eher schlanke sportliche Frauen mit einem Hüfte-Taille-Verhältnis von 0,7. Bei Nahrungsmittelmangel geht die Tendenz nach fülligeren Frauen, bei Überfluss mehr hin zu schlanken.

Die Körperform ist ein weiteres Merkmal, das im wahrsten Sinne des Wortes sofort ins Auge fällt. Hier sind eher kulturelle Einflüsse am Werk. Zur Zeit des flämischen Barockmalers *Peter Paul Rubens (1577-1640)* waren es beispielsweise füllige, fleischige

Frauenkörper, die dem Frauenideal entsprachen. Man erkennt dies auf seinen Gemälden wie *Toilette der Venus (ca. 1612 – 1615)* oder *Das Urteil des Paris (ca. 1632 – 1635)*.

Die heutige Frauenfigur in den Industrienationen sieht schlanker und sportlicher aus. Blick- und Verweiltest mit Männern zu verschieden proportionierten Frauenfiguren haben ergeben, dass die meisten Männer ein Hüfte-Taille-Verhältnis bei Frauen von 0,7 bevorzugen. Man hat auch festgestellt, dass in Zeiten, in denen Nahrungsmittelüberfluss herrscht, schlankere Frauentypen bevorzugt werden. Bei Nahrungsmittelmangel würden Männer eher stärker proportionierte Frauen wählen. Biologisch soll dies damit zusammenhängen, dass Frauen mit Fettpolster in schlechten Zeiten bessere Überlebenschancen haben und damit auch ihr Nachwuchs.

Nun kann man dies als sexistische Ansichten ablehnen. Das ändert nichts daran, dass Männer sich eben mehr am Äußeren einer Frau orientieren, während Frauen zwar dies bei Männern mit berücksichtigen, aber für eine dauerhafte Partnerwahl verstärkt auch andere Qualitäten wie Bildung, Einkommen und Vermögen beachten. Dies würde die These bestätigen, dass Frauen bei der Wahl der Männer wählerischer sind, als umgekehrt Männer bei Frauen. Die Beurteilung eines potentiellen Partners/einer Partnerin ist Teil unseres biologischen Erbes. Der Vorgang wird zwar kulturell bis zur Unkenntlichkeit überformt, ist aber trotzdem immer noch wirksam.

Natürlich haben auch gut aussehende Männer auf den ersten Blick einen Wettbewerbsvorteil auf dem Partnermarkt. Für die Gesichts- und Körpersymmetrie gilt gleiches wie bei Frauen. Nur dass Männer heute noch Kosmetika in der Regel sehr dezent und heimlich einsetzen, um ihre Gesichtsoptik zu verbessern. Geschminkte Männer gehören nicht unbedingt zu den sozial Höherstehenden und werden meist als Exoten angesehen. Die Körperform ansehnlicher Männer ähnelt dem Buchstaben V: breite Schultern und schmalerer Hüfte mit knackigem Po. Dies sind Hinweise darauf, dass solche männlichen Exemplare durchtrainiert zu sein scheinen. Haben sie doch in der Frühgeschichte der Menschheit die Wahrscheinlichkeit erhöht, dass a) der Mann ordentliche Gene hat, b) wahrscheinlich ein geschickter Jäger ist und c) auch in der Lage sein dürfte, seine Partnerin und Nachkommen vor Feinden zu beschützen.

Obwohl körperliche Kraft in unserer heutigen zivilisierten Gesellschaft nur noch bedingt ein Erfolgskriterium im Beruf ist, wirken diese Signale bei Frauen dennoch. Welche Männer und Frauentypen aktuell am besten im Rennen liegen, welche also das größte Sexappeal haben, kann man zum Beispiel an der Auszeichnung *„Sexiest Man Alive"* oder *„Sexiest Women Alive"* erkennen. Das US-amerikanische Magazin *People* vergibt jährlich diesen Titel.

Ryan Reynolds (*1976)
kanadischer Schauspieler

Minka D. Kelly (*1980)
US-amerik. Schauspielerin

Abbildung 10: Sexiest Man/Woman Alive 2010
Jährlich vergibt das US-amerikanische Magazins PEOPLE den Titel des Mannes/der Frau mit dem (angeblich) größten Sexappeal. Die aktuellen Stereotypen, was als anziehend beim anderen Geschlecht angesehen wird, werden durch diese Wahl deutlich. Die Wahl orientiert sich erkennbar an westlichen Schönheitsvorstellungen.

Nun ist nicht jeder mit solchen sehr vorteilhaften körperlichen Vorzügen ausgestattet. Meist sind wir etwas dicker oder dünner, größer oder kleiner, schwerer oder leichter oder in Gesicht und Körperbau unsymmetrischer als man es sich wünscht. Um aber nicht sofort durch das Auswahlraster potentieller Partner/Partnerinnen zufallen, ist es durchaus akzeptabel, in Grenzen sein äußeres Erscheinungsbild zu verbessern. Denn wer überhaupt nicht wahrgenommen wird und dadurch Kontakt zum anderen Geschlecht aufnehmen kann, hat auch keine Chance, seine anderen Qualitäten zu zeigen. Es wäre dann so, als seien diese nicht vorhanden. Leichte Übertreibung durch geeignete Hilfsmittelchen könnte man als ein „natürliches" Verhalten bei der Partnersuche durchgehen lassen. Bei der Darstellung des eigenen Profils in Partnerbörsen im Internet ist das durchaus üblich, wie wir noch sehen werden.

3.3 Blicke auf das andere Geschlecht

Welche Eigenschaften ordnen Frauen oder Männer dem anderen Geschlecht zu? Die Zeitschrift GEO WISSEN (Piel 2000) ist dieser Frage nachgegangen und hat eine Umfrage durchführen lassen. Es wurden 22 Eigenschaften bewertet. Einmal sollte das jeweils andere Geschlecht allgemein bewertet werden, sozusagen aus der Fernsicht. Dann wurde die Meinung über den jeweils aktuellen konkreten andersgeschlechtlichen Partner oder die Partnerin erfragt, sozusagen die Nahsicht.

Bei der Fernsicht handelt es sich um sogenannte Klischees. Klischees sind Rede- oder Denkweisen, die ohne eigene persönliche Überzeugung überwiegend ungeprüft übernommen worden sind. Die *Abbildung 11: Männerbild aus Frauensicht* zeigt die obere Linie das Klischeebild, die darunter liegende Graphik zeigt die Nennungen für den konkreten Partner. Betrachtet man die am häufigsten genannten zehn Eigenschaften, wie Frauen das bei Männer sehen, dann erscheint das Männerbild der Frau nach dieser Untersuchung wie folgt: Männer sind wehleidig (63 %), stur (61 %), doch mit Durchsetzungsvermögen (57 %), egoistisch (53 %), eitel (48 %) und großspurig (47 %), aber auch mutig (45 %), jedoch nörglerisch (41 %), ebenso untreu (41 %) doch mit Humor (40 %).

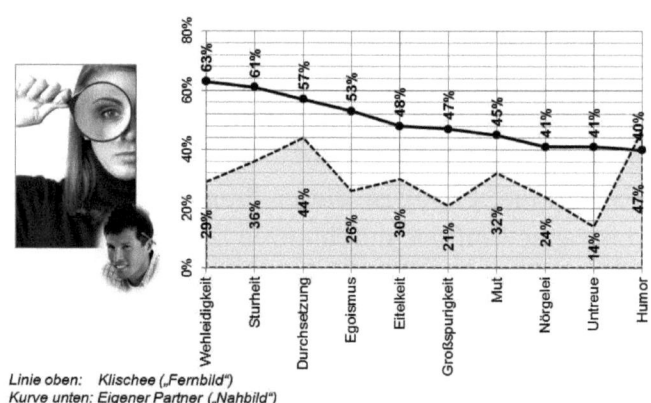

Linie oben: Klischee („Fernbild")
Kurve unten: Eigener Partner („Nahbild")

Abbildung 11: Männerbild aus Frauensicht
Die allgemeine Meinung der (deutschen) Frauen über (deutsche) Männer (= Fernbild) weicht ab von der Meinung die Frauen über ihren konkreten Partner haben (= Nahbild). Der eigene Partner wird positiver beurteilt als das Männerklischee erwarten lässt. Beispiel: 63 % der Frauen halten Männer für wehleidig. Aber nur 29 % sehen das bei dem eigenen Partner so.

Das Frauenklischee der Männer zeigt bei der *Abbildung 12: Frauenbild aus Männersicht* folgendes: Frauen sind zärtlich (76 %), jedoch eitel (66 %) aber einfühlsam (63 %), charmant (60 %) und natürlich

(51 %) aber nörglerisch (49 %), zuverlässig (48 %) und sentimental (46 %), auch humorvoll (39 %) jedoch unpünktlich (37 %).

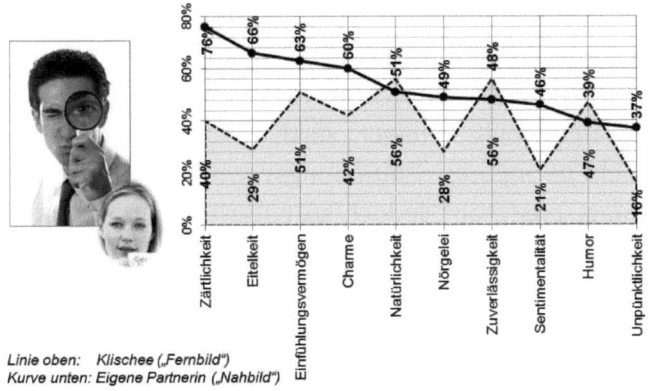

Linie oben: Klischee ("Fernbild")
Kurve unten: Eigene Partnerin ("Nahbild")

Abbildung 12: Frauenbild aus Männersicht
Die allgemeine Meinung der (deutschen) Männer über (deutsche) Frauen (= Fernbild) weicht ab von der Meinung die Männer über ihre konkreten Partnerin haben (= Nahbild). Die eigene Partnerin wird meist positiver beurteilt als das Frauenklischee erwarten lässt. Beispiel: 66 % der Männer halten Frauen für eitel. Aber nur 29 % sehen das bei der eigenen Partnerin so.

Wenn die Personen jedoch gefragt werden, welche Eigenschaften sie bei ihrem konkreten aktuellen Partner/ihrer Partnerin wahrnehmen, dann stellt man teilweise erhebliche Unterschiede fest zwischen dem Klischee und der wahrgenommenen Realität. Nimmt man die zehn Eigenschaften, bei denen die größten Differenzen zwischen Fern- und Nahbild

43

bestehen, dann ergeben sich die folgenden Abweichungen: Der konkrete männliche Partner der Frau ist: weniger wehleidig, weniger egoistisch, weniger untreu, weniger großspurig, weniger stur, weniger gefühlskalt, natürlicher als erwartet, weniger eitel, weniger nörglerisch und weniger unpünktlich

Die konkrete Partnerin des Mannes ist: weniger eitel, doch weniger zärtlich als erwartet, hat jedoch geringeres Einfühlungsvermögen, ist auch weniger charmant, jedoch so natürlich wie erwartet, weniger nörglerisch, zuverlässiger als erwartet, weniger sentimental, humorvoller und weniger unpünktlich.

Die Frage wäre natürlich, ob der aktuelle Partner oder die Partnerin sich wirklich meist so positiv vom Klischee unterscheiden. Es könnte nämlich auch am sogenannten Besitztums-Effekt liegen. Psychologen haben nämlich herausgefunden, dass wir das, was wir besitzen, in der Regel als wertvoller ansehen als das, was wir nicht haben. Wir suchen zudem auch nachträglich oft noch nach Gründen, weshalb wir uns so entschieden haben. Vielleicht rechtfertigen also die betreffenden Personen die Entscheidung für den anderen Partner oder die Partnerin damit, dass man ja ein Exemplar des anderen Geschlechts bekommen hat, das viel besser als der Durchschnitt.

4 Nach was wählen sich Partner

4.1 Drei Theorien über Partnerwahl

Welche Eigenschaften sollte ein Partner oder eine Partnerin haben mit dem/der man eine engere oder intime Beziehung eingehen könnte? Der Neuseeländer Sozialpsychologe *Garth J. O. Fletcher* hat drei Hauptkategorien gefunden, die immer wieder bei Befragungen genannt werden (Fletcher 2002): Warmherzigkeit und Loyalität, Attraktivität und Vitalität sowie Status und Ressourcen. Dies sind Merkmalgruppen, die sowohl von Männern, als auch von Frauen bevorzugt werden. Allerdings werden sie unterschiedlich gewichtet. Körperliche Attraktivität der Frau ist für Männer wichtiger, Statusmerkmale beim Mann sind für Frauen bedeutsamer.

Frauen sind nach einer Untersuchung des US-amerikanischen Verhaltensforschers *David Waynforth* (Waynforth 2001) auch eher geneigt, Abstriche am Aussehen und der Erscheinung eines Mannes hinzunehmen, wenn dies durch einen höheren Status kompensiert werden kann. Doch man kann leicht über dreißig Einzelmerkmale anführen, nach denen Partner auf ihre Tauglichkeit geprüft werden. Um nicht von den vielen möglichen Einflussfaktoren erschlagen zu werden, haben sich drei Hypothesen als Vorhersagemodelle herausgebildet.

Wettbewerbs-Hypothese
> Bemühen um attraktivsten Partner
> Ablehnung weniger attraktiver Partner

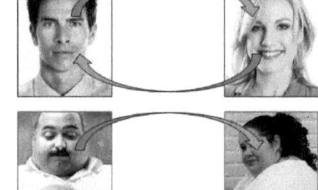

Passungs-Hypothese
> Furcht vor möglicher Ablehnung
> Wahl ähnlicher Attraktivität

Prägungs-Hypothese
> Eltern prägen Attraktivitätsvorstellung
> Partner mit (Gesichts)Ähnlichkeit

Abbildung 13: Partnerwahl-Hypothesen

Drei Hypothesen zur Partnerwahl stehen zur Diskussion. Wettbewerb: Es besteht ein Wettbewerb um den Partner/die Partnerin mit der höchsten Attraktivität. Passung: Man sucht einen Partner/eine Partnerin mit ähnlicher Attraktivität. Prägung: Man sucht einen Partner/eine Partnerin die dem entsprechenden Elternteil in Aussehen und/oder Verhalten ähnlich scheint.

Eine ist die sogenannte Wettbewerbs-Hypothese. Sie besagt, dass am Partnermarkt die Partner mit verschieden hoher Attraktivität um den attraktivsten andersgeschlechtlichen Partner konkurrieren. Attraktive Partner des einen Geschlechts suchen hier mindestens gleich attraktive oder attraktivere Partner des anderen. Der Psychologe *Eric Klopp* formuliert das so (Klopp 2012): *„Die weniger attraktiven Individuen werden zwar die möglichen Partner mit hoher Attraktivität begehren, werden von diesen aber abgewiesen* *werden – und selbst wiederum die noch unattraktiveren Verehrer zurückzuweisen."*

Als weitere Hypothese nennt *Klopp* die Passungs-Hypothese. Damit ist gemeint, *„… dass ein Individuum aus Angst vor Zurückweisung nicht nach dem attraktivsten Partner sucht, sondern einen Partner gleicher Attraktivität anstrebt".* Dabei zählen nicht nur physische Eigenschaften sondern auch andere wie: sozialer Status, Ehrgeiz, Treue, Elternqualität. Wobei die eigene Attraktivität abhängt von der Selbsteinschätzung und den Urteilen der Umwelt, die man mit der Zeit verinnerlicht hat. Daher bleiben manchmal auch wirklich attraktive Personen ohne Partner, weil der andersgeschlechtliche Angst vor Zurückweisung hat und sie nicht anzusprechen wagt.

Und auch die sogenannte Prägungs-Hypothese, konnte durch Untersuchungen belegt werden. Gemeint ist damit die Prägung von Kindern auf die Gesichter der Eltern. Eltern vermitteln in der Regel Vertrauen und Geborgenheit und sie vermitteln beim Kind erste Vorstellungen von Attraktivität.

4.2 Unattraktive fallen durchs Suchraster

Doch ist es wirklich so, dass wir nach den eben beschriebenen Strategien vorgehen? Zumindest eines scheint zweifelsfrei erwiesen: Die verschiedenen Partnerwahl-Strategien sind den betroffenen suchenden Personen meist nicht bewusst. Ja, wenn die betreffenden Personen darauf angesprochen werden, leugnen sie die hinter den Strategien stehenden Auswahlregeln. Auch kommt es höchst selten vor, dass man bewusst mit einer umfangreichen Checkliste auf Partnersuche geht. Das würde wahrscheinlich sehr befremdlich, wenn nicht sogar abstoßend wirken, falls die andere Person entdeckt, dass sie wie ein Investitionsgut aufgrund eines umfangreichen Kriterienkataloges ausgewählt worden ist.

Wie aber läuft wirklich solch ein Selektionsprozess zwischen potentiellen Geschlechtspartnern ab? Welche Eigenschaften werden sozusagen gescannt? Suchen wir eher nach dem besten Partner oder der besten Partnerin unter den Angeboten am Partnermarkt, oder sortieren wir in einem ersten Schritt zuerst die unattraktivesten Personen aus? Und was heißt denn „attraktiv" und „unattraktiv"? Einige aktuelle Ergebnisse, die noch nicht sehr verbreitet sind, findet man in einer Doktorarbeit aus dem Jahr 2009. Sie wurde von *Kerstin Cyrus* vorgelegt (Cyrus 2009). Ihr Titel lautet: *Hochattraktiv oder nur nicht unattraktiv: Was zählt bei der Partnerwahl?* Dazu wurden umfangreiche Befragungen durchgeführt und statistisch ausgewertet. Eine der zentralen Fragen dabei war, ob wir bevorzugt sofort nach attraktiven Partnern suchen oder eher unattraktive vermeiden.

Partnerwahl, so die Meinung vieler Biologen, Psychologen, Biopsychologen, orientiert sich auch heute immer noch an den Auswahlkriterien unserer

Vorfahren. Es gilt, wie wir schon vorher erfahren haben, der sogenannte biologische Imperativ, der da lautet: *Ein Individuum will selbst möglichst lange leben und in seinen Nachkommen genetisch weiterleben.* Dieser wirkt auch dann, wenn keine Kinder geplant oder nicht oder nicht mehr möglich sind. Eine erste Erkenntnis daraus war, dass sowohl bei Männern als auch bei Frauen die physische Attraktivität bei der Partnerwahl eine sehr wichtige Rolle spielt, bei Männer mehr als bei Frauen. Die Auswahl erfolgt meist aufgrund unbewusster Mechanismen. Diese Mechanismen sind teilweise genetisch bedingt, also Ergebnis unserer biologischen Evolution. Aber auch kulturelle Forderungen und Vorstellungen fließen bei uns Menschen mit ein. Oft werden die biologischen Auswahlkriterien kulturell überdeckt und bleiben unerkannt.

4.3 Attraktivität ist keine Eigenschaft

Was kennzeichnet aus der Sicht von Männern oder Frauen eine attraktive Person des anderen Geschlechts? Was ist überhaupt Attraktivität? Falsch wäre es, die Attraktivität von Personen als ein objektives Merkmal anzusehen. Der Psychologe *Rudolf Sponsel (*1944)* stellt fest (Sponsel 27.5.2005): *„Attraktivität ist keine Eigenschaft, sondern ein Beziehungsprodukt und eine Wirkungsaussage oder ein Werturteil. Das Attraktivitätsurteil ist subjektiv, relativ und wandelbar."*

Betrachten wir die zehn Merkmale die am häufigsten genannt wurden. Beginnen wir damit, wie Männer die Frauen bezüglich der Attraktivität beurteilen. *Cyrus* stellt in ihrer Dissertation fest (*Abbildung 14: Merkmale der Attraktivität)*: Männer finden in 23,4 Prozent der Fälle lange Haare bei Frauen attraktiv. Eine schlanke Figur finden 17,2 Prozent attraktiv, und 15,6 Prozent nennen als weiteres attraktives Merkmal eine sportliche Figur. Man könnte nach der äußeren Erscheinung die attraktive Frau demnach wie folgt beschreiben: Lange blonde Haare, sportlich schlanke Figur, gepflegte Erscheinung, elegant und dennoch natürlich mit großen Augen und schönem Lachen.

Frauen finden bei Männern ebenfalls eine sportliche Figur attraktiv. 26,9 Prozent der befragten Frauen nennen dieses Merkmal. Mit gleicher Häufigkeit wird ein guter Kleidungsstil genannt sowie eine schlanke Figur. Wie Männer an Frauen finden auch Frauen an Männern ein gepflegtes Aussehen attraktiv. Man könnte nach der äußeren Erscheinung den attraktiven Mann aus Sicht der Frau wie folgt beschreiben: Groß, mit sportlich schlanker muskulöser Figur, gepflegtes Aussehen mit besonderen Blick auf gepflegte Hände, dunkles volles Haar und blaue Augen.

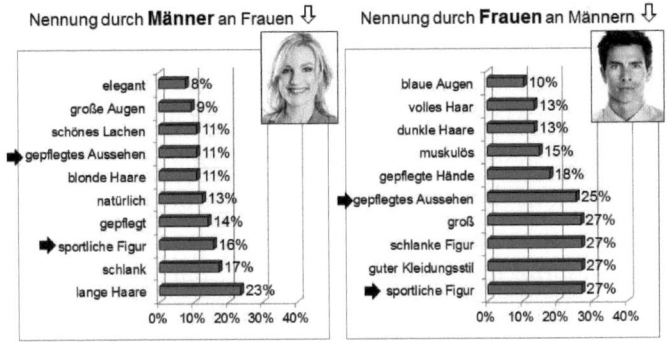

Nennung durch **Männer** an Frauen ⇩   Nennung durch **Frauen** an Männern ⇩

elegant	8%
große Augen	9%
schönes Lachen	11%
➡ gepflegtes Aussehen	11%
blonde Haare	11%
natürlich	13%
gepflegt	14%
➡ sportliche Figur	16%
schlank	17%
lange Haare	23%

0% 10% 20% 30% 40%

blaue Augen	10%
volles Haar	13%
dunkle Haare	13%
muskulös	15%
gepflegte Hände	18%
➡ gepflegtes Aussehen	25%
groß	27%
schlanke Figur	27%
guter Kleidungsstil	27%
➡ sportliche Figur	27%

0% 10% 20% 30% 40%

Geringe Übereinstimmung bei Attraktivitäts-Kriterien

Abbildung 14: Merkmale der Attraktivität

Groß, mit sportlich schlanker Figur und gutem Kleidungsstil, das sind aus der Sicht von Frauen die attraktivsten Merkmale bei Männern (rechte Graphik). Sportliche schlanke Figur, lange Haare und gepflegtes Aussehen sind attraktive Merkmale von Frauen aus der Sicht von Männern (linke Graphik). In nur zwei der jeweils genannten häufigsten Merkmale besteht zwischen Männern und Frauen Übereinstimmung: gepflegtes Aussehen und sportliche Figur.

Bei den gezeigten zehn häufigsten Nennungen stimmen bei diesen Attraktivitätskriterien nur zwei bei Männern und Frauen überein: sportliche Figur und gepflegtes Aussehen. Ansonsten werden attraktive Merkmale von Frauen anders gesehen als von Männern. Die Übereinstimmung ist also relativ gering, liegt hier bei nur 20 Prozent. Überraschend ist nun, dass bei den Merkmalen für Unattraktivität einmal die Übereinstimmung zwischen Frauen- und Männerurteilen wesentlich größer ist als bei der Attraktivität

(*Abbildung 15: Merkmale der Unattraktivität*). Von den zehn Merkmalen stimmen sechs überein, also 60 Prozent. Zum zweiten ist auffallend, dass die Anzahl Nennungen pro Merkmal, also die Prozentzahlen, wesentlich höher liegen. Das wichtigste attraktive Merkmal aus der Sicht der Frauen bei Männern beispielsweise, nämlich „sportliche Figur", wird von rund 27 Prozent der befragten Frauen so gesehen. Das wichtigste unattraktive Merkmal an Männern, nämlich „ungepflegt", liegt aber bei beachtlichen 65 Prozent. Männer und Frauen scheinen also weitgehend gleiche Vorstellungen davon zu haben, was beim anderen Geschlecht als unattraktiv gilt.

Dafür gibt es aus biologisch evolutionärer Sicht einleuchtende Erklärungen. Zur Erinnerung: In der früheren Menschheitsgeschichte war es höchst riskant, mit jemandem näheren Kontakt zu haben, der von Parasiten befallen ist oder eine ansteckende Krankheit hat. Erkennbar war dies durch äußere Anzeichen wie: unreine oder fleckige Haut mit Pickel, rissiges mattes Haar, deformierte Gesichtszüge oder Körperteile, etwas unförmiger Körperbau und schlechte schiefe Zähne. Es war sehr empfehlenswert, diesen Personen auszuweichen. Als Geschlechtspartner kamen sie freiwillig wahrscheinlich nicht infrage. Die Gefahr war zu groß, dass die Kinder ebenfalls die Gebrechen erben oder durch die Krankheit des Partners oder der Partnerin mit einer Behinderung geboren werden.

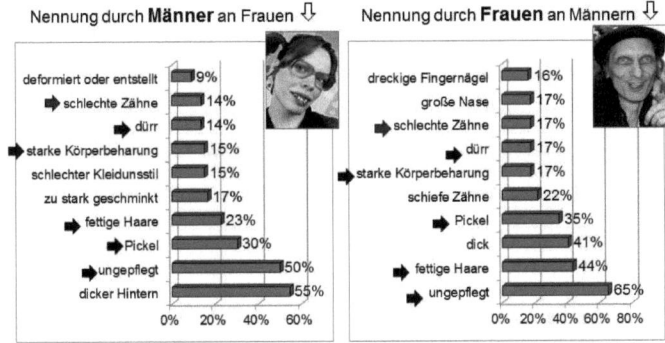

Nennung durch **Männer** an Frauen ⇩

deformiert oder entstellt	9%
schlechte Zähne	14%
dürr	14%
starke Körperbehaarung	15%
schlechter Kleidunsstil	15%
zu stark geschminkt	17%
fettige Haare	23%
Pickel	30%
ungepflegt	50%
dicker Hintern	55%

0% 20% 40% 60%

Nennung durch **Frauen** an Männern ⇩

dreckige Fingernägel	16%
große Nase	17%
schlechte Zähne	17%
dürr	17%
starke Körperbehaarung	17%
schiefe Zähne	22%
Pickel	35%
dick	41%
fettige Haare	44%
ungepflegt	65%

0% 20% 40% 60% 80%

Große Übereinstimmung bei Kriterien der Unattraktivität

Abbildung 15: Merkmale der Unattraktivität

Frauen und Männer haben weitgehend übereinstimmende Vorstellungen davon, was beim anderen Partner unattraktiv ist. Die Übereinstimmung beträgt bei den zehn am häufigsten genannten Merkmale 60 %. Ungepflegtes Erscheinungsbild, fettige Haare und Pickel stehen an der Spitze der unattraktiven Merkmale.

Die Überlebenschancen waren noch vor wenigen hundert Jahren für behinderte oder kränkelnde Kinder sehr gering. Investitionen in Geburt, Aufzucht und Ausbildung lohnten sich daher nicht. Sicher und „kostengünstiger" war es also, sich gar nicht erst auf Sex mit einem solchen Partner einzulassen. Es war von Vorteil (Cyrus 2009, S. 136), „...*unattraktive Individuen schnell und treffsicher zu identifizieren, um sie dann zu meiden, dies allerdings auch aus Gründen außerhalb der Partnerwahlkontextes*", wie dies *Kerstin Cyrus* in Ihrer Dissertation formuliert. Und sie führt weiter aus (Cyrus 2009, S. 105): *„Die Funktionalität einer solchen Strategie sollte darin begründet sein, unattraktive Partner aus 'Kostengründen' primär zu fokussieren, um diese in einem ersten Filterprozess aus der Partnerwahl auszuschließen, um sich dann den mittelmäßig bis hochattraktiven Partnern zu widmen.“*

Diese Auswahlmechanismen wirken unbewusst heute noch nach. Bei der Wahl eines Partners sucht man also nicht zuerst nach den attraktivsten und nimmt dann den jeweils darunter liegenden, wenn die attraktivste Person nicht mehr zur Verfügung steht. Sondern man geht umgekehrt vor: Man scheidet zuerst die offensichtlich unattraktiven aus. Danach wendet man sich denen zu, die jetzt noch übrig geblieben sind. Da hochattraktive Partner oder Partnerinnen sehr selten sind und selbst hohe Ansprüche an die Attraktivität des anderen stellen, wird man eine akzeptable Wahl aus dem Kreis der Partner/Parterinnen mit nur geringerer Attraktivität treffen müssen.

4.4 Eine allgemeine Empfehlung

Wollte man eine sehr allgemeine Empfehlung für den Erfolg am Partnermarkt aufstellen, dann müsste die aufgrund der vorherigen Erkenntnisse lauten: a) Vermeide einen ungepflegten Eindruck und b) sorge dafür, dass am Körper, besonders im Gesicht, keine offensichtlichen Zeichen von Krankheit erkennbar sind. Wird dies nicht beachtet, fällt man sehr rasch durch das unbewusste Selektionsraster des potentiellen Partners oder der Partnerin und wird nicht weiter beachtet. Man wäre dann aus dem Rennen um intimere Beziehungen, ehe und gemeinsame Kinder ausgeschieden. Es wäre ein Fehlstart, bevor das Rennen überhaupt beginnt.

Wer diese allgemeine Regel auf natürlichen Weg nicht oder nicht mehr erfüllen kann, dem helfen heute Kosmetikindustrie, plastische Chirurgie, Fettabsaugungen und Fitnesscenter. Und diverse Seminar oder Bücher geben mehr oder weniger brauchbare Ratschläge. Es ist eine Industrie, die weltweit Milliarden Euro jährlich umsetzt und von der Unzufriedenheit mit dem eigenen Aussehen lebt. Diese Branchen bilden zusammen so etwas wie einen modernen Jungbrunnen, aus dem zumindest für die Anbieter der diversen Mittel und Methoden recht üppig Geld sprudelt.

5 Was sich auf dem Partnermarkt tut

Wie kommen überhaupt verschiedene Personen zusammen? Eine Heirat aus Liebe war lange Zeit in unserem Kulturkreis die Ausnahme. Ehen wurde arrangiert oder, wenn sie gegen den Willen mindestens einer der Partner abgeschlossen wurden, waren Zwangsehen. Die Familie spielte bei der Suche nach einem geeigneten Ehepartner eine sehr bedeutsame Rolle. Aber es wurden auch familienfremde vertrauenswürdige Personen, ob Frauen oder Männer, eingeschaltet, um einen geeigneten Ehepartner zu finden. Motive dafür waren auch die Angst vor Blamage, wenn bei einer direkten persönlichen Vorsprache der Vorschlag abgelehnt worden wäre oder bisherige schlechte Erfahrung.

Ab etwa dem 18. bis zum Ende des 19. Jahrhunderts war es in den sogenannten gehobenen Kreisen dann üblich, das der heiratswillige Mann bei der Familie der Kandidatin vorsprach. Der Verehrer wurde in das Haus der jungen Frau eingeladen und von den Eltern und Verwandten begutachtet. Intimitäten waren hier kaum möglich. Man stand unter dauernder Beobachtung. Die Geschwister waren nervende Tisch- oder Sofagenossen. Nur mit Zustimmung der Eltern war es möglich, dass sich die beiden potentiellen Ehepartner danach auch gemeinsam in der Öffentlichkeit zeigen konnten. Eine erste „Besichtigung" der Kandidatinnen war möglich auf Bällen, Festen oder bei den sonntäglichen Sparziergängen auf den Hauptstraßen besonders der Städte.

Heute können wir uns mit arrangierten Ehen nur noch schwer anfreunden. Zumindest in westlichen Gesellschaften kommen Personen bei den verschiedensten Gelegenheiten unbefangen zusammen. Geographisch ist man auch nicht mehr auf die nähere Umgebung seines Wohnsitzes eingeengt. Mit dem Internet hat sich die Partnersuche über den ganzen Globus ausgedehnt, zumindest theoretisch. Allerdings sind kulturelle und sprachliche Unterschiede immer noch Hürden, die nur sehr schwer zu überwinden sind.

5.1 Wir sind Papst und der Altöttinger Liebfrauenbote

Begonnen hat die Partnersuche über öffentliche Medien vor über dreihundert Jahren, also lange vor dem Internet-Zeitalter. Am 19. Juli 1695, erschien in dem Londoner Wochenblatt mit dem Titel *Collection for Improvment of Husbandry and Trade* (deutsch: Sammlung für Fortschritt in Landwirtschaft und Handel) die Anzeige eines heiratswilligen jungen Mannes mit folgendem Text (Zitiert bei: Klug 19.7.2005): *„Ein Herr von etwa dreißig Jahren mit ansehnlichem Besitz sucht für die Ehe eine junge Dame mit einem Vermögen*

von etwa dreitausend Pfund." Es ist die erste nachge-
wiesene Kontaktanzeige.

„Niedriger Staatsbeamter, ledig, kath., 43 J.,
wünscht sich mit kath. Mädchen
baldmöglichst zu verehelichen."

Abbildung 16: Ohne Heiratsanzeige kein deutscher Papst
Über eine Heiratsanzeige im Jahr 1920 im Altöttinger Liebfrauenboten
haben sich die Eltern von Papst Benedikt XVI gefunden. Die erste
nachweisbare Kontaktanzeige wurde im Jahr 1695 von einem jungen
Mann in einem Londoner Wochenblatt veröffentlicht.

Und am 7. März 1920 konnte man im *Altöt-*
tinger Liebfrauenboten lesen (Zitiert bei: Eisenrieder
19.7.2012): *„Niedriger Staatsbeamter, ledig, kath., 43*
J., pensionsberechtigt, wünscht sich mit gut kath.
Mädchen, das kochen u. auch etwas nähen kann, mit
Aussteuer u. etwas Vermögen, baldmöglichst zu
verehelichen." Ohne diese Kontaktanzeige hätte die
Bild-Zeitung am 20. April 2005 nicht in dicken Groß-
buchstaben auf der Titelseite schreiben können: *„WIR*
SIND PAPST!" Denn diese Annonce im *Liebfrauenboten*

wurde von einem *Karl Ratzinger* aufgegeben und eine *Maria Peintner* hatte darauf geantwortet. Es sind die späteren Eltern von Papst *Benedikt XVI.* Eine Heiratsanzeige hat so, zumindest für die Katholiken, Weltgeschichte geschrieben.

Auch heute noch findet man in einigen Zeitungen und Zeitschriften Annocen, mit denen Frauen und Männer Partner oder Partnerinnen suchen: für gemeinsame Freizeitaktivitäten, als Gesprächspartner, für die Ehe oder zu rein erotische Zusammenkünften. Doch zum Leidwesen der Printmedien geht die Anzahl solcher Kontaktanzeigen mehr und mehr zurück. Zugenommen haben dagegen Kontaktsuchen und Partnervermittlungen über das Internet. Ausgehend von den USA ist auch in Deutschland ein stetig wachsender Markt entstanden, der Online-Dating-Markt.

Hier ein paar nüchterne Zahlen für Deutschland (Pflitsch/Wichers 2010):
- Im Jahr 2003 betrug der Umsatz dieser Branche 21,5 Millionen Euro. Im Jahr 2010 waren es schon beachtliche 179,5 Millionen. In nur sechs Jahren hat sich also der Umsatz verachtfacht.
- Im Jahr 2003 waren 9,7 Millionen Nutzer registriert. Im Jahr 2009 waren es 61,0 Millionen. In sechs Jahren hat sich die Anzahl registrierter Nutzer versechsfacht.
- Die Anzahl aktiver Nutzer ist allerdings wesentlich geringer. Waren es 2003 etwa 3,5 Millionen,

dann waren es in 2009 etwa 6,9 Millionen, also eine Verdoppelung. Daraus kann man folgern, dass viele sogenannte Karteileichen bei den Partnerbörsen gespeichert sind.

- In 2009 entfielen auf Singlebörsen 42,2 Prozent des Umsatzes und auf Partnervermittlungen 34,5 Prozent. Singlebörsen sind vergleichbar mit Anzeigen in Printmedien, Partnervermittlungen entsprechen klassischen Heiratsvermittlungen.

- Es gibt in Deutschland über 2.000 Singlebörsen, Partnervermittlungen, Seitensprung-Dienste, Sextreffs und spezielle Nischenangebote beispielsweise für Dicke, Behinderte, Homosexuelle oder Masochisten. Etwa dreißig solcher Portale beherrschen den Markt.

Den Markt der Partnerbörsen kann man in zwei Kategorien unterteilen. Da sind einmal die sogenannten *Singlebörsen*. Die kontaktwillige Person stellt ihr Profil als Angebot ein. Sie muss aber selbst potentielle Partner aus dem Angebot selektieren. Dazu gibt sie verschiedene Suchkriterien in Suchmasken ein, die erfüllt sein sollen. Es funktioniert ähnlich wie wenn man einen Gebrauchtwagen über einen der Internat-Portale sucht. Auch dort kann man die Suche anhand verschiedener Kriterien durchführen. Man muss danach selbst entscheiden, welche Angebote man näher anschauen will.

Single-Börsen (Geschlechterverhältnis Frauen : Männer = 52% : 48%)

Seitensprung-Börsen (Geschlechterverhältnis Frauen : Männer = 43% : 57%)

Abbildung 17: Partnerbörsen im Internet
Über 2.000 Partnerbörsen bemühen in Deutschland um Kunden. Bei Single-Börsen sucht der Kunden entsprechend seinen Auswahlkriterien selbst im Angebot. Bei Vermittlungs-Börsen bekommt der Kunde eine Vorauswahl an möglichen Kontakten vorgeschlagen. Neben allgemeinen Partnerbörsen gibt es auch Spezialanbieter für bestimmte Zielgruppen. Bei Single-Börsen sind mehr Frauen, bei Seitensprung-Börsen mehr Männer registriert.

Dann gibt es *Vermittlungsbörsen*. Hier stellt man auch sein eigenes Profil ein. Der Internet-Anbieter schlägt dann aber dieser suchenden Person eine begrenzt Anzahl Partner vor. Zu anderen hat mein keinen Zugriff. Nach welchen Algorithmen, also Auswahlregeln dies geschieht, halten die Anbieter geheim. Obwohl einige behaupten, die Auswahl würde nach wissenschaftlichen Kriterien durchgeführt werden, bleibt man den Beweis dafür schuldig. Der Suchende kann bei Vermittlungsbörsen über das Email-System des Anbieters direkt Kontakt mit den ausgewählten oder vorgeschlagenen Partnern aufnehmen. Eine Studie über das Internet als Heiratsmarkt zeigt (Schulz/Zillmann 2009, S. 10): In beiden Fällen „... *möchten die Akteure die Partnerwahl immer weniger dem Zufall überlassen und begreifen die private Lebensführung als ebenso planbar wie die berufliche Karriere"*.

Unterscheidet sich die Partnerwahl über das Internet grundsätzlich von der im bisherigen klassischen Umfeld der Partnersuche: Schule, Beruf, Nachbarschaft, Freundeskreis? Die Auswertung verschiedener Studien ergibt folgendes Bild (Schulz /Zillmann 2009, S. 21): *„So zeigen ihre Analysen ..., dass die Nutzer der Onlinedating-Plattformen weitgehend Partner mit ähnlichen Merkmalen bevorzugen ..., allerdings mit den ... bekannten Abweichungen für Männer und Frauen ...: Sowohl Männer als auch Frauen bevorzugen generell einen Partner mit ähnlichem Bildungsniveau. Während Frauen darüber hinaus eine recht große Präferenz für höher gebildete aber gegen niedrig gebildete Männer offenbaren, neigen Männer dazu, Frauen mit höherem Bildungsniveau systematisch abzulehnen."* In der Soziologie wird dies als soziale Homophilie der Partnerwahl bezeichnet. Der Volksmund sagt es einfacher: „Gleich und gleich gesellt sich gern."

Nun kann man auf dem virtuellen Marktplatz Internet leicht eine andere Identität vortäuschen. Nur wenige Anbieter prüfen die Identität der Personen,

indem sie sich eine Kopie des Personalausweises vor-
legen lassen. Ohne Identitätsnachweis könnte man
einen „Avatar", seinen künstlichen Stellvertreter ins
Netz stellen, um zu testen, welches Angebot sich aktuell auf dem Partnermarkt befindet. Doch wer danach
ernsthaftere Absichten hat, will natürlich irgendwann
der anderen Person persönlich begegnen. Das ist dann
der Zeitpunkt, an dem sich die Beteiligten mit ihren
realen physischen und psychischen Eigenschaften
gegenüberstehen. Und hier entscheidet sich – oft sehr
rasch und intuitiv – ob man den Kontakt bei einem
weiteren Treffen vertiefen möchte. Man muss sich
vorteilhaft präsentieren, sich verkaufen. Die eigene
Person wird zum Produkt am Partnermarkt.

5.2 Kleine Lügen sind verzeihlich

Im täglichen Zusammenleben ist es nicht angebracht,
dass wir in jeder Situation die Wahrheit und nichts als
die Wahrheit sagen. Daher kommen in einem Artikel
in der *Zeitschrift für Sozialforschung* die Autoren zu
der Erkenntnis (Zillmann/Schmitz/Blossfeld 2011, S.
291): *„Unwahrheiten sind alltägliche Bestandteile
sozialer Interaktionen. Sie treten im Alltag jedoch meist
nur in Form kleinerer Lügen und ´Schummeleien´, wie
es umgangssprachlich heißt, auf. Ein Ziel von Unwahrheiten kann sein, sich eine bessere Position zu ver-
schaffen, um daraus Vorteile beispielsweise in Form
sozialer Wertschätzung durch Andere zu erhalten."*

Es wäre daher ungewöhnlich, wenn bei der Selbstdarstellung zur Partnersuche im Internet dies nicht so sein würde. Wer sich an einer Internet-Partnerbörse angemeldet hat, muss zwei sich widersprechende Ziele lösen. Einerseits will man Aufmerksamkeit erregen, damit man von potentiellen Partnern/Partnerinnen kontaktiert wird. Anderseits soll die Selbstdarstellung möglichst nahe der Realität kommen. Denn spätestens bei einer persönlichen Begegnung könnten die Schummeleien auffliegen. Wie bei einer seriösen Produktwerbung muss man zuerst einmal auf sich aufmerksam machen und in den Werbeaussagen doch noch nahe der Realität bleiben.

Soziale Beziehungen, damit auch eine mögliche Partnerschaft, kann man beschreiben als Tausch von Ressourcen. Die beteiligten Personen bewerten (wenn auch meist unbewusst) aktuelle und künftige Kosten und Nutzen einer Beziehung. Dabei werden auch emotionale Kosten und Nutzen mit berücksichtigt. Eine Person wird nur dann eine Beziehung beginnen und aufrecht halten, wenn der aktuelle oder erwartete Nutzen höher ist als die Kosten. Allerdings suchen die Akteure am Partnermarkt nicht den perfekten Partner, der sowieso nicht oder schwer zu finden ist. Die Suche wird meist beendet, wenn man einen akzeptablen Partner gefunden hat. Das hängt ab vom eigenen Anspruch, den eigenen Qualitäten und den Eigenschaften und Fähigkeiten, welche die andere Person hat oder zu haben vorgibt.

In einer umfangreichen Studie an der Universität Bamberg wurden über zweitausend Personen befragt, ob sie und wenn ja, bei welchen genannten Kriterien sie unwahre Angaben gemacht haben (Zillmann/Schmitz/Blossfeld 2001). Die Personen waren Mitglieder einer großen deutschen Online-Dating-Agentur. Abgefragt wurden beispielsweise Körpergröße und –gewicht, Alter, Bildung, Familienstand, Geschlecht, gesuchte Beziehung. Es stellte sich heraus, dass etwa 27 Prozent der Personen zugaben, bei ihrer Selbstdarstellung im Internet geschummelt zu haben. Zwischen Männern und Frauen gab es keine Unterschiede (27,3 Prozent der Männer, 26,1 Prozent der Frauen). Am meisten geschummelt wurde beim Gewicht (15 Prozent) und dem Alter (10,3 Prozent). In einer anderen Untersuchung (zitiert bei: Landhäuser 19.11.2008) bei US-amerikanischen Nutzern von Single-Börsen konnte man feststellen, dass zwei Drittel der Befragten falsche Angaben zum Gewicht machten und fast die Hälfte eine falsche Körpergröße angab. Bei Alter schummelten rund zwanzig Prozent.

Es gibt zwei Strategien, wie Personen ihre angeblichen oder wirklichen Defizite auf dem Partnermarkt kompensieren: spezifische und unspezifische Kompensation. Was ist nun damit gemeint? Wenn kleine Männer sich ein paar Zentimeter größer ausgeben oder etwas füllige Frauen sich schlanker machen, dann wäre dies eine sogenannte spezifische Kompensation: Ein konkretes Merkmal wird durch leichte Über- oder Untertreibung besser dargestellt, als es wirklich ist.

Wenn aber beispielsweise ein körperlich wenig attraktiver Mann etwas übertreibt bei seinen finanziellen Verhältnissen oder seiner Bildung, dann wäre dies eine unspezifische Kompensation: Er erwartet, dass sein objektiver oder vermeintlicher Nachteil bei dem einem Merkmal (Aussehen, Körpergröße etc.) durch ein anderes (Einkommen, Vermögen, Bildung etc.) ausgeglichen oder überkompensiert wird.

Man hat feststellen können, dass Männer besonders bei ihrer Körpergröße, bei den Finanzen und ihrem sozialen Status etwas übertreiben. Bei Frauen ist es hautsächlich das äußere Erscheinungsbild, das in der Selbstdarstellung geschönt wird. Dabei spielt mit, was die eine Person vermutet, beispielsweise der Mann, was die andere Person, beispielsweise die Frau, normalerweise erwartet. Es findet also eine sogenannte Perspektivenübernahme statt. In einer persönlichen zwischenmenschlichen Beziehung würde man dies Empathie, Einfühlungsvermögen nennen. Und diese Perspektivenübernahme ist geprägt von den allgemeinen Vorstellungen über das, was ein Mann oder eine Frau vom anderen Geschlecht normalerweise erwartet. Manche Meinungen darüber, was andere erwarten, sind nur Vermutungen. Indem man sich danach richtet, werden solche Spekulationen dennoch zu verhaltenswirksamen Tatsachen.

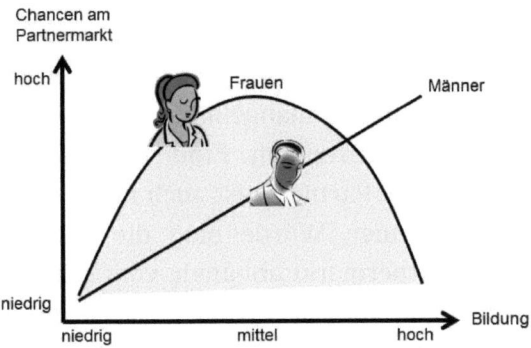

Abbildung 18: Bildung und Chancen am Partnermarkt
Männer bevorzugen meist Frauen mit gleicher oder niedriger Bildung. Daher vermindern sich die Chancen für hochqualifizierte Frauen, besonders Akademikerinnen. Bei Männern ist hohe Bildung (und damit in der Regel höheres Einkommen und Vermögen) am Partnermarkt vorteilhaft.

Hochgebildete Frauen haben das Problem, einen aus ihrer Sicht geeigneten Partner zu finden. Während bei Männern eine hohe Bildung und Ausbildung den Marktwert am Partnermarkt steigert, ist dies nicht so bei Frauen. Männer suchen meist Frauen mit ähnlichem oder niedrigerem Bildungsniveau. Daher bedeutet (Zillmann/Schmitz/Blossfeld 2001, S. 306) „... *ein hohes Bildungsniveau eine massive Einengung des Partnermarktes [für Frauen]. Frauen scheinen deswegen ihre hohe Bildung als Restriktion auf dem Partnermarkt wahrzunehmen.*" Aus diesem Grund verschweigen Frauen in ihren Kontaktprofilen bei

Partnerbörsen oft eine hochqualifizierte oder akademische Ausbildung und beschränken sich darauf, lediglich das Abitur oder die Hochschulreife zu nennen. Eine zu einfache mangelhafte Bildung ist allerdings auch nicht vorteilhaft. Eine sehr dumme oder völlig ungebildete Partnerin ist auch nicht gerade der Traum der Männer. Würde man die Chancen der Frauen am Partnermarkt abhängig vom Bildungsgrad darstellen, dann hätte der Verlauf die Form des umgekehrten Buchstabens U *(Abbildung 18: Bildung und Chancen am Partnermarkt)*. Bei Männern wäre es eine aufsteigende Linie.

Zusammenfassend könnte man sagen: Um Aufmerksamkeit zu erregen und die Kontaktchancen zu erhöhen, schummeln sowohl Männer als auch Frauen bei bestimmten persönlichen Eigenschaften. Meist bewegt sich das noch in einem akzeptierten Rahmen. Denn wenn bei einer möglichen späteren persönlichen Begegnung zu offensichtliche Abweichungen feststellbar sind, wirkt dies nicht gerade vertrauensbildend. Das Sprichwort *„Wer einmal lügt, dem glaubt man nicht und wenn er gleich die Wahrheit spricht"*, könnte sich dann bewahrheiten.

5.3 Lady Gaga und das Ich

Marken sind uns vertraute Erscheinungen. Ob Produktmarken wie *Coca Cola, Nivea* oder *Persil*, ob Firmenmarken wie *Google, Aldi* oder *Siemens*, sie rufen in uns bestimmte Vorstellungsbilder hervor. Aber auch Personenmarken kennt man: die extravagante schrille *Lady Gaga*, der Pop-Sänger *Mikel Jackson*, als Gruppe *The Beatles* oder die *Kastelruther Spatzen*. Doch auch der Massenmörder *Jack the Ripper* und der Terrorist *Osama bin Laden* sind Personenmarken geworden, nur mit einem äußerst negativen Image. Auch Personenmarken werden von uns verbunden mit bestimmten Eigenschaften und Verhaltensweisen. Marken geben Orientierung in einer vielfältigen und teilweise unübersichtlichen Produktewelt.

Aber wir als Normalbürger als Personenmarke? Das klingt für viele doch reichlich obskur und übertrieben. Ist es aber nicht. Auch wir wollen von anderen wahrgenommen werden mit einem bestimmten Erscheinungsbild und gewissen Eigenschaften. Leider stimmt manchmal unsere eigene Vorstellung von uns nicht mit den Eindrücken überein, die wir durch unser Verhalten und Aussehen vermitteln und die andere von uns haben. Doch der Weg in die Kommerzialisierung des ICH, der eigenen Person ist vorgezeichnet.

Es genügt, mit dem Suchwort „Selbstmarketing" bei Internet-Buchhändlern wie *Amazon* nach Büchern zu suchen. Dort wird uns Literatur genannt, die konkrete Tipps gegeben, wie wir zu einer Personenmarke werden können. Warum? Wir müssen uns auf vielfältigen Märkten durchsetzen, uns mit unseren

Eigenschaften und Fähigkeiten anbieten: beispielsweise auf dem Arbeitsmarkt aber auch auf dem Partnermarkt.

Das ICH ist aber ein sehr facettenreiches Gebilde. Philosophen, Psychologen und Biologen haben sehr verschiedene Definitionen, die sich teilweise gegenseitig ausschließen. Es sind nicht nur unsere erworbenen Fähigkeiten und Kenntnisse für den Arbeitsmarkt. Zum ICH gehören auch Eigenschaften, die uns auf dem Partnermarkt attraktiv erscheinen lassen oder die dazu führen, dass wir als unattraktiv durch den Sieb des anderen Geschlechts fallen, wie wir bereits gesehen haben.

Wir werden im Beruf für unsere Arbeit in der Firma oder dem Amt bezahlt. Auch auf dem Partnermarkt erhalten wir eine Gegenleistung – aber nur, wenn auch wir etwas zu bieten haben. Bei der professionellen Prostitution ist dieser Tausch offensichtlich: Sex gegen Geld. Bei einer ordentlichen, moralisch akzeptierten Beziehung weigern wir uns, diese einfache Gleichung anzuwenden. Obwohl: im unerkannten Hintergrund spielt dieses Motiv möglicherweise auch mit. Wir nennen es dann beispielsweise: eine gute Partie, materielle Sicherheit oder Versorgungsehe.

Einen Menschen zu einer Marke machen, kann man etwas eleganter ausdrücken, am besten mit einem englischen Begriff: *Human Branding*. Was ist das? Der Markenexperte und Kommunikationswissenschaftler *John C. Berndt* beschreibt das so

(Berndt 2009, S. 12): *„Human Branding beruht auf den anerkannten und bewährten Modellen und Methoden der modernen Markenarbeit und des Marketings für Produkte. Diese Techniken erschließt Human Branding für den Menschen, mit dem Ziel, dass er genauso einzigartig unterscheidbar von anderen Menschen ist wie seine Lieblingsmarken unter der Vielzahl von Herstellern und Produkten. [...] Die Markenpersönlichkeit des Menschen beschreibt, wer er ist, und wie er ist; was ihn ausmacht und was sein wahrer Antrieb ist."* Der einzelne Mensch wird also auch auf dem Partnermarkt als ein Produkt betrachtet, dass einen Abnehmer finden muss oder will. Und dieser Abnehmer ist in der Regel die andersgeschlechtliche Person. Die eigene Person muss vermarktet werden. Das mag für viele etwas befremdlich klingen. Doch (Seidel/Beutelmeier 2006, S. 20): *„Ein solches Selbst-Marketing hat nichts mit plumper Eigenanpreisung oder gar Aufschneiderei zu tun. Sondern damit, der Zielgruppe deutlich zu machen, was gerade unsere Marke ICH für sie leisten kann."*

Die Zielgruppe für den Mann ist die Menge aller Frauen, die für ihn interessant sein könnten und umgekehrt für die Frau die Menge aller Männer, die sich die Frau als Partner vorstellen könnte. Eines unterscheidet die Person am Partnermarkt vom technischen Produkt: Das ICH ist sowohl Verkäufer in eigener Sache als auch selbst das angebotene Produkt. Es gibt keine innere Distanz zum Angebot, wie dies ein Verkäufer in der Wirtschaft zu seinem Produkt immer noch hat. Wenn bei einem Verkäufer ein Produkt nicht läuft, kann er auf andere ausweichen und dennoch seine Umsatzziele erreichen. Ein Individuum hat diese Möglichkeit nicht - es sei denn, man ändert sich grundlegend. Aber das ist, wie wir alle wissen, äußerst schwierig wenn nicht sogar fast unmöglich.

Mit dieser Betrachtungsweise haben wir die romantische Liebe im kommerzfreien Raum verlassen. Wir sind eingetreten in den marktwirtschaftlichen Wettbewerb um einen Partner bzw. eine Partnerin, mit der wir ein innigeres Verhältnis eingehen möchten – was immer man im Einzelfall unter einem innigeren Verhältnis verstehen mag. Es kann eine dauerhafte Freundschaft sein – was unter verschieden geschlechtlichen Personen nicht immer klappt. Es kann eine kurzfristige sexuelle Beziehung sein oder eine dauerhafte Partnerschaft oder Ehe. Es geht um Angebot und Nachfrage um Leistung und Gegenleistung. Es geht um einen Tausch, der seit Jahrtausenden in vielen Varianten betrieben worden ist. Sich selbst auf dem Partnermarkt zu verkaufen, ist ein hartes Geschäft und voller Enttäuschungen. Manche sind dabei leider wenig erfolgreich.

5.4 Räume und Emotionen

Man will sich ja irgendwann näher kommen. Nur Mails im Internet austauschen oder besonders vorteilhafte Bilder von sich verschicken, hat Grenzen. Doch wann und wie kann man feststellen, ob jemand zumindest grundsätzlich an einer engeren Beziehung Interesse hat. Mit Worten kann man leicht lügen, mit Gesten und Verhalten schon schwerer.

Gibt es einen Zusammenhang zwischen der räumlichen Entfernung, bei der sich Personen noch wohlfühlen und die sie akzeptieren und der Vertrautheit zwischen Personen? Diese Frage beschäftigte auch den Anthropologen *Edward T. Hall (1914 – 2009)*. Er hat festgestellt, dass es einen direkten Zusammenhang gibt zwischen der physischen, also räumlichen Distanz und der psychischen, also emotionalen Distanz zweier Personen. Je vertrauter Personen miteinander sind, desto mehr akzeptieren sie auch räumliche Nähe. Akzeptierte räumliche Nähe wäre damit ein Indikator, ein Hinweis auf emotionale Nähe.

Hall unterscheidet vier verschiedene Raumzonen (Hall 1994): *Intimdistanz.* Sie umfasst einen Raum bis etwa 50 cm um uns herum. Es ist der intimste emotionale Bereich einer Person. Wer einer Person so nahe kommen darf, muss mit ihr sehr vertraut sein. Sie ist engen Freunden, der Familie oder dem Lebenspartner vorbehalten. *Persönliche Distanz.* Wenn wir den Arm ausstrecken, dann bestreichen wir diesen Raum. Er reicht von einem halben bis einem Meter um uns herum. Im Beruf, auf Partys oder Versammlungen können andere Personen sich uns höchstens soweit nähern, ohne dass wir uns unwohl fühlen. Denn es ist der Bereich für Freunde, enge Bekannte oder sehr sympathische Kollegen. *Soziale Distanz.* Von einem Meter bis etwa vier Meter reicht der Bereich, in dem sich Personen bewegen dürfen, die wir nicht so gut kennen. Wir haben zu ihnen ein mehr neutrales, also kein freundschaftliches aber auch kein feindseliges Verhältnis. Aber die Person in diesem Bereich wird zumindest wahrgenommen. *Öffentliche Distanz.* Ab etwa drei bis vier Meter von uns ertragen wir auch Personen, die uns nicht bekannt sind oder zu denen wir ein distanziertes Verhältnis haben. Wenn sich Personen bewusst von uns auf diese Distanz entfernen, zeigen sie, dass sie nicht sonderlich an einen Kontakt mit uns interessiert sind.

Natürlich gelten diese Distanzen nur, wenn genügend Raum vorhanden ist um auszuweichen. Es gibt Situationen wie im Fahrstuhl, in öffentlichen Verkehrsmitteln oder in Warteschlangen, bei der unvermeidbar unbekannte Personen zum Teil bis in unsere persönliche Distanz vordringen. Wir wehren uns dann dagegen, indem wir versuchen, diese Personen zu ignorieren. Wir vermeiden dabei Blickkontakt. Wir tun so, als wäre sie nicht da. Von Land zu Land und Kultur zu Kultur variieren diese Entfernungen. Ein Japaner hält beispielsweise mehr Abstand als ein Italiener oder Spanier.

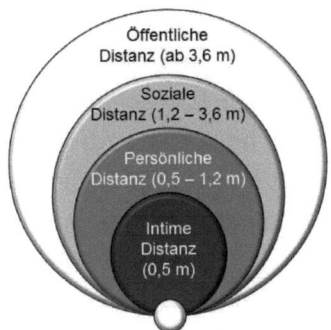

Edward T. Hall
(1914 – 2009) Anthropologe

Abbildung 19: Raumzonen und soziale Distanz
Je näher Personen sich emotional stehen, desto besser können sie deren räumliche Nähe ertragen. Die räumliche Distanz/Nähe ist ein Indikator für die soziale Distanz/Nähe. In Paarbeziehungen kann man daher aus dem Raumverhalten der Partner auf deren Vertrautheit schließen.

Wenn zwei Personen z.B. Singles näher zusammen finden wollen, dann muss sich jede durch diese Raumzonen bis zum innersten Bereich vorarbeiten. Doch jede Raumzone ist begrenzt durch eine unsichtbare Barriere, die es zu überwinden gilt. Wer ohne Grund oder Anlass in die nächstinnere Zone vordringt, ruft bei der betroffenen Person ein unangenehmes Gefühle hervor, bis hin zu Aggressivität. Das könnte das Aus einer Beziehung sein, bevor sie überhaupt begonnen hat. Daher ist es zumindest erforderlich, sich die Erlaubnis einzuholen beispielsweise an der Bar, indem man fragt, ob der Platz neben der Person noch frei wäre und man ein zustimmendes JA erhält.

Um eine Auskunft zu bitten, oder eine interessante Frage zu stellen sind auch Möglichkeiten, um sich zumindest in die persönliche Distanz vorzuarbeiten. Mit einer kurzen Berührung des Armes der betroffenen Person dringt man kurzfristig sogar in die Intimdistanz ein. Sogenannte Flirt-Ratgeber meinen, dass dies ein sicherer Weg sei, um näheren Kontakt zu bekommen. Wenn wir in das „Gebiet" einer anderen Person eindringen wollen, verhindern Beschwichtigungsgesten oder Rituale Ärger und unbewusste Ablehnung. Anklopfen, stehen bleiben bei offener Tür und auf Einladung warten, überreichen einer kleinen Aufmerksamkeit zur Beschwichtigung wären solche Gesten. Im Beruf darf nur der Höhergestellte, also der Chef unaufgefordert unseren „Hoheitsbereich" betreten.

Gebietsverletzungen führen in der Regel zu einer erhöhten Aggression gegen den Eindringling. Bei Tieren, die für das Überleben ein bestimmtes Revier benötigen, ist das gut zu beobachten. So verteidigt beispielsweise ein männliches Gartenrotschwänzchen sein Revier mit letztem Einsatz. Es hat sehr viel zu verlieren: sichere Nahrungsquellen und vielleicht auch schon seine Sexualpartnerin. Es werden Kräfte mobilisiert, mit denen sehr oft auch körperlich weit überlegene Eindringlinge vertrieben werden können.

Die Verteidigung des eigenen Territoriums ist auch noch bei uns Menschen ausgeprägt. Ein psychologisches Experiment verdeutlicht dies, wie das folgende Beispiel zeigt: Zwei Personen sitzen sich im Restaurant beim Essen gegenüber. Eine ist in das Experiment eingeweiht. Die eingeweihte Person grenzt ihr „Gebiet" ab, indem sie persönliche Gegenstände auf den Tisch legt oder vorhandene berührt. Dann schiebt sie wie zufällig (aber im Experiment beabsichtigt) die so markierten Gegenstände in die Tischhälfte des Gegenüber. Die andere Person wird unruhiger, ohne dass sie den Grund erkennt. Wird diese Person nach dem Essen nach ihren Befindlichkeiten befragt, nennt sie steigende Abneigung und Aggressivität gegenüber dem Tischpartner oder der Tischpartnerin.

Geht man also erstmals mit dem Partner oder der Partnerin zum gemeinsamen Essen in ein Restaurant, dann sollte man nicht in das „Gebiet", hier den unsichtbaren Intimbereich, eindringen. Nur sehr miteinander vertraute Personen überschreiten diese Grenze. Wer das aber bewusst tut, zeigt dem anderen, dass er an einer näheren Beziehung interessiert sein könnte. Es kommt dann auf die Reaktion der anderen Person an, ob das weiterhin gestattet ist oder nicht.

Wir sehen bei diesem Essen zu zweit an dieser Stelle schon, dass der Beginn einer romantischen Beziehung oder Liebe mit Konsum verbunden ist. Es wird die Dienstleistung des Restaurants beansprucht, für die Geld zu zahlen ist. Mit dieser Kombination, nämlich romantische Liebe und Konsum werden wir uns nun näher beschäftigen.

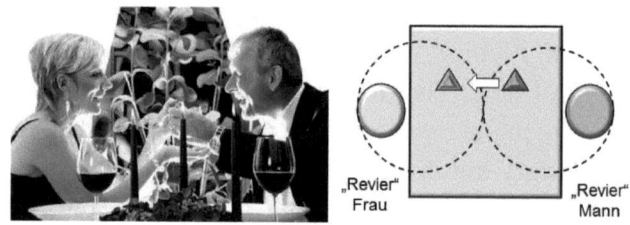

Revierverletzungen erzeugen Unmut, Ärger bis hin zu Aggressivität

Abbildung 20: Revierverletzungen beim gemeinsamen Essen
Auch Tischpartner grenzen verdeckt und unbewusst ihrer „Reviere" ab. Wird durch Gesten oder Gegenstände in das „Revier" des gegenüber eingedrungen, kann Irritation, Unmut bis hin zu Aggression entstehen. Wird das Eindringen gestattet oder sogar begrüßt, ist das ein Zeichen, dass man an einem engeren Kontakt interessiert ist.

6 Konsumierte romantische Liebe

Wenden wir uns der Verquickung von Liebe und marktwirtschaftlichem Kapitalismus zu. Werfen wir zuerst einen Blick auf Werbung für Körperpflege oder Parfüm *(Abbildung 21: Parfümwerbung und Erotik)*. Dort werden meist direkt oder indirekt erotische Motive gezeigt. Es wird damit suggeriert, dass nach der Nutzung dieses Parfums eine romantische Beziehung unweigerlich folgen muss. Wir wissen mit dem Verstand, dass dies natürlich maßlos übertrieben ist. Aber dennoch erliegen viele dieser emotionalen Beeinflussung und kaufen.

6.1 Wir kaufen Ideen, keine Produkte

Technische Produkte und kommerzielle Dienstleistungen sind heute nicht mehr nur Produkte und Dienste. Sie sind aufgeladen mit emotionalen Elementen. Man kauft kein Auto sondern *„Freude am Fahren"* (BMW). Man tankt kein Benzin, sondern packt den *„Tiger in den Tank"* (ESSO). Man trinkt kein Bier, sondern eine *„Perle der Natur"* (Krombacher). Man isst nicht einfach Gummibärchen sondern Freude, denn: *„Haribo macht Kinder froh und Erwachsene ebenso"*. Die Werbung für Urlaubshotels ist voll von Motiven exklusiver Zweisamkeit und klischeehafter Romantik.

Sie zeigt deutlich die Kommerzialisierung zumindest der Liebesmotive.

Werbung vereinnahmt Erotik und romantische Liebe

Abbildung 21: Parfümwerbung und Erotik
Die Werbung für viele Konsumprodukte hat die erotische Liebe vereinnahmt. Es werden keine Produkte (hier: Parfum) verkauft, sondern Chancen auf intime Beziehungen. Wer das Produkt benutzt, so die versteckte Werbebotschaft, ist ein attraktiverer Partner/eine attraktive Partnerin auf dem Partnermarkt.

Wer nun glaubt, Liebe als Konsumprodukt wäre erst eine Erscheinung unserer modernen Welt, der liegt falsch. Schon im 16. Jahrhundert meinte der italienische Dichter *Agnolo Firenzuola (1493 – 1543)* über die Liebe (zitiert bei: Somart 1984, S. 69): *„Nichts anderes ist die Liebe als Genuss; wie ich den Wein, das Spiel, die Wissenschaft liebe, so liebe ich die Frauen; das heißt: ich werde durch Wein, Spiel, Wissenschaft und Frauen ergötzt.“* Die Liebe zur Frau war also aus dieser Sicht schon damals ein „Produkt" das konsumiert werden konnte, eben wie Wein.

Bevor wir uns weiter mit Liebe und Konsum oder Liebe und Marktwirtschaft oder Liebe und Kapitalismus auseinander setzen, müssen wir uns vorher mit dem Betriff „Liebe" nochmal näher befassen. Den biologischen Aspekt der Liebe haben wir schon kennen gelernt. Demnach ist Liebe ein emotionales Bindemittel. Damit sollen durch gemeinsame Investition der Eltern die Überlebenschancen des Nachwuchses erhöht werden. Sie dient damit dem genetischen Überleben in der nächsten Generation, damit auch der Arterhaltung.

Aus psychologischer Perspektive wird Liebe als Krönung der persönlichen Entwicklung angesehen. Mit ihr trete der vereinsamte Mensch aus der Einsamkeit heraus in die Zweisamkeit. Und aus Sicht der Soziologen sei Liebe ein Schauplatz, auf dem um die Gleichstellung der Geschlechter und um die individuelle Freiheit gekämpft würde. Liebe sei aber auch eine religiöse Utopie, überfrachtet mit illusorischen Vorstellungen und Heilsversprechungen.

Die Kommunikationswissenschaftlerin *Gloria Maria Bottaro (*1981)* schreibt in ihrer Studie mit dem Titel *Die Konstruktion der Liebe,* Liebe habe sich (Bottaro 2009, S. 53) *„... in Übereinstimmung mit kulturellen und gesellschaftlichen Strukturen und Werten im Laufe unserer Geschichte entwickelt".* Sie meint weiter, Liebe sei damit *„... einer historisch-*

kulturellen Veränderung unterworfen und stets geprägt von den vorherrschenden Weltbildern und Wirklichkeitskonstruktionen der Gesellschaft". Sie sei (Bottaro 2009, S. 18) „... die Summe an Bedeutungen, die wir diesem Phänomen zuschreiben".

6.2 Der Luxus der Liebe

Der Soziologe *Werner Sombart* (1863 – 1941) legte der Liebe in seinem Buch *Liebe, Luxus und Kapitalismus* noch eine völlig andere Bedeutung bei. Für *Sombart* war der Bedarf nach Luxusgütern eine wesentliche Triebfeder für die Entwicklung des Kapitalismus. Luxusgüter wurden zuerst von den Mätressen, Kurtisanen, Kokotten verlangt als Gegenleistung für eine längerdauernde zeitweise exklusive außereheliche Beziehung. Sehr bekannt ist die offizielle Mätresse von *Ludwig XIV*, die *Madame de Pompadour*. Ein erheblicher Teil des Staatshaushaltes wurde beispielsweise durch ihre luxuriöse Lebensführung verbraucht.

Waren solche Beziehungen zuerst dem Adel vorbehalten, hielten sich nach und nach auch die reich gewordenen (Sombart 1984, S. 105) „*Protze, Knallprotze, Lakaien und Pfeffersäcke*" ihre Kokotten. Es war in einigen Gesellschaftskreisen Prestigesache, sich teure „*Weibchen*" zu halten. Und auch die Ehefrauen mussten mithalten, um nicht ganz abzufallen gegenüber den professionellen Liebhaberinnen und außerehelichen Konkurrentinnen. Damit entstand ein rasch steigender Bedarf an Luxusgütern, also Gütern, die nicht unbedingt lebensnotwendig waren. Und dieser Bedarf konnte nur durch eine aus heutiger Sicht kapitalistische Produktionsweise gedeckt werden.

Verständlich war dies, so *Sombart*, weil zu jenen Zeiten die allermeisten Ehen arrangiert und sogar gegen den Willen eines Partners oder sogar beider Partner geschlossen wurden. Liebe und Ehe passten selten zusammen. Oft waren die Nebenbeziehungen emotional und sexuell befriedigender, als das in der Ehe möglich war. Zusammenfassend meint *Sombart* daher (Sombart 1984, S. 194): *„So erzeugt Luxus, der selbst … ein illegitimes Kind der illegitimen Liebe war, den Kapitalismus."* Diese Betrachtungsweise ist zwar originell, aber nicht unumstritten. Sie kann nicht alle Erscheinungen des frühen Kapitalismus erklären. *Sombart* starb 1941. Er hat die heutige Entwicklung also nicht mitbekommen können.

6.3 Die konsumierte Liebe

Der Beginn der heutigen sogenannten romantischen Liebe in westlichen Kulturen liegt etwa im 14. Jahrhundert. Ab dem 12. Jahrhundert gab es zwar die höfische Liebe des Mittelalters. Das Objekt der Anbetung des Mannes war die erhöhte reine Frau, auf keinen Fall die eigene. Meist war dies aber lediglich eine geistig-seelische, also idealisierte Liebe. Der schon erwähnte *Sombart* meint dazu (Sombart 1984, S. 66): *„Uns heute erscheint der ganze Minnesang unwahr, gedrechselt, verkünstelt. Aber gerade darin erweist er sich als der natürliche erste Anfang moderner Liebe. Es ist ausgesprochene Pubertätserotik die in der Verhimmelung der Geliebten, dem Schmachten und Stöhnen, im Schwärmen und Anbeten sich erschöpft".*

Welche Gedanken drängen sich heute mit dem Begriff „romantischer Liebe" auf? Jedenfalls unterscheidet sie sich von der höfischen Liebe erheblich. Wer „unsterblich" verliebt ist, kann sich nicht vorstellen, die geliebte Person einmal nicht mehr zu lieben. Man möchte für „ewig" zusammen sein. Man schwört sich „für immer" Treue und Liebe. Die romantische Liebe wird gekennzeichnet durch drei wesentliche Merkmale (Bottaro 2009, S. 61-62): Ewig: *„Ein klassisches Ideal der romantischen Liebe ist die Vorstellung, dass sie ewig hält, ja den Tod überdauert."* Überwältigend: *„Liebe nach romantischen Vorstellungen überkommt einen, erfasst einen, ob man will oder nicht."* Seelentief: *„Ein romantisches Ideal ist die Überhöhung der Liebe, als ein Bund, geknüpft in der spirituelle Ebene der Seele."* Wobei wir hier einmal offen lassen wollen, was man unter Seele versteht oder verstehen will.

Die romantische Liebe kann man ursprünglich auch als Protest der Jugend gegen die Bestimmung oder Mitbestimmung der Eltern bei der Wahl des Ehepartners sehen. Es war die Flucht vor der arrangierten Ehe oder der Zwangsehe. Auch wenn diese Flucht nicht immer wirklich glückte. Romeo und Julia sind dafür zumindest literarische Zeugen.

Wo findet heute die romantische Liebe Orte oder Gelegenheiten? Und wie wird sie ausgedrückt? Natürlich gehören dazu bestimmte Worte und Gesten. Aber die können erst eingesetzt werden und wirken, wenn ein Minimum an Vertrautheit schon vorhanden ist. Vorher wirken sie aufdringlich und unangebracht. Die Liebeswerbung steht heute bei uns nicht mehr unter der sozialen Kontrolle der Familie. Sie ist aus dem familiären Umfeld hinausgewandert in die Öffentlichkeit. Erste persönliche Treffen finden statt in Kinos, auf Partys, bei Tanzveranstaltungen, im Konzert, im Restaurant oder bei Unternehmungen in Gruppen. Später macht man gemeinsam Urlaub, besichtigt interessante Gebäude, Orte oder Objekte, macht während des Urlaubs gemeinsam Spaziergänge, geht miteinander einkaufen.

Diese Aktivitäten sind höchst verschieden. Eines ist aber allen gemeinsam: Immer sind sie mit Konsum verbunden. Alles kostet Geld: Kino- und Konzertkarte, Essen im Restaurant, Urlaub. Nur wirkliche Puristen der romantischen Liebe können vielleicht auf all das verzichten und immer Händchen haltend auf Wanderwegen durch Wald und Flur spazieren, mit einem selbstgeschmierten Butterbrot im Rucksack und einer Flasche Leitungswasser. Aber welcher Mann traut sich das noch anzubieten und welche Frau wäre bereit, in solch einen Mann Zeit und Zuneigung zu investieren. Armer Schlucker oder Geizkragen wären wohl die Etiketten, die man ihm anheften würde. Selbst eingefleischte Schotten oder Schwaben würden gegenüber solch einem Typ als wahre Verschwender wirken.

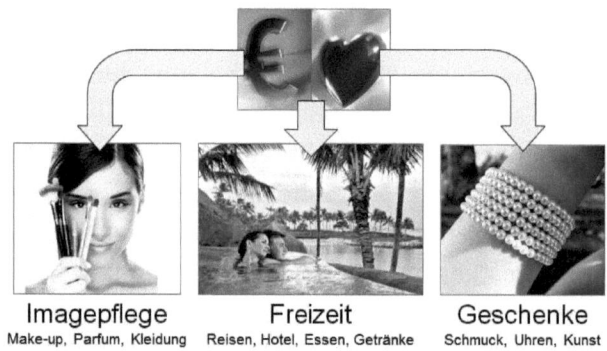

Imagepflege	Freizeit	Geschenke
Make-up, Parfum, Kleidung	Reisen, Hotel, Essen, Getränke	Schmuck, Uhren, Kunst

Abbildung 22: Konsum und romantische Liebe
Romantische Liebe ist aus dem privaten Raum in die Öffentlichkeit gewandert. Sie ist in der Regel eng mit Konsum und damit mit Geld und Kapital verknüpft, besonders mit dem Konsum von Luxusgütern. Die sind Verführungsinstrumente. Luxus ist damit wichtiger Teil des kulturellen Szenarios der Liebesromantik. Luxusgüter signalisieren Prestige und Macht.

Man geht auch zu einem Treffen mit dem Partner oder der Partnerin nicht ungepflegt, in alten Kleidern, bei Frauen ohne Make-up und bei Männern unrasiert, mit Schweißflecken an Hemd oder Bluse und Mundgeruch. Und wer nie Geschenke für den Anderen mitbringt, wird entweder als phantasielos, unsensibel oder extrem sparwütig angesehen. Das sind keine Kandidaten/innen für eine dauerhafte Beziehung.

Betrachtet man diese Aufzählungen, dann sind es drei Produktkategorien, die mit romantischer Liebe in Verbindung gebracht werden können *(Abbildung 22: Konsum und romantische Liebe)*: Imagepflege, also Parfüm, Kleidung, Make-up; Freizeit, also Reisen, Hotel, Essen; Geschenke, also Blumen, Schmuck, Uhren, Kunst. Die Soziologin *Eva Illouz (*1961)* stellt in ihrem Buch *Der Konsum der Romantik* fest (Illouz 2007, S. 139: *„Liebe wendet sich wie der Konsum an alle und gibt damit vor, ein radikal klassenloses und geschlechtsneutrales Antlitz zu präsentieren."* Da all diese Ausgaben nicht im engeren Sinne lebensnotwendig sind, und damit für Luxusgüter aufgewandt werden, folgert sie weiter (Illouz 2007, S. 164): *„Luxus ist Teil des größeren kulturellen Szenarios der Liebesromantik. Luxusgüter kann man als Verführungsinstrumente betrachten, weil sie auf den gesellschaftlichen Statuts ihrer Benutzer verweisen ... , [weil] der Konsum von Luxusgütern Prestige und Macht signalisiert und deshalb verführerischer ist als gewöhnliche Waren."*

Damit wären wir auf dem Umweg der kulturell und gesellschaftlich geprägten romantischen Liebe bei dem britischen Naturforscher *Charles Darwin (1809-*

1882) und seiner Evolutionstheorie gelandet, speziell bei der sexuellen Selektion. Das farbenfrohe Federkleid des Goldfasanengockels, die langen prächtigen Schwanzfedern des Pfaus sind Eigenschaften, die dem betreffenden Individuum Energie kosten. Es sind Indikatoren für gute Gene, aber auch Handicaps, nicht wirklich lebensnotwendig, Luxus. Geld für Luxusartikel, die man dem Partner schenkt oder Einladungen zu Reisen und Veranstaltungen sind Signale für Wohlstand und Prestige Sie sind somit ebenfalls Indikatoren, zwar nicht unbedingt für genetische Fitness, aber für soziale Durchsetzungsfähigkeit und materielle Sicherheit. Damit wird der (meist männliche) Partner interessanter für eine Ehe. „Geld macht sinnlich", lautet eine Redensart. Wir wissen jetzt warum.

Den schon erwähnte Buchtitel *Der Konsum der Romantik* von *Eva Illouz* deutet zweierlei an: Einerseits wurde und wird die romantische Liebe von der Werbung für Produkte vereinnahmt. Es wird suggeriert, dass mit dem Kauf des betreffenden Produktes die Chancen für Zuneigung und Liebe steigen. Anderseits werden bei Anbahnung und Pflege romantischer Liebebeziehungen diverse Produkte konsumiert für Imagepflege, Reisen und Geschenke. Sie werden damit auch zu Symbolträgern für die romantischen Gefühle.

Die Massenmedien haben heute romantische Liebe, Erotik und Sex vereinnahmt. Zeitschriften, Filme, Fernsehen und Bücher zeugen davon. Das Wort Liebe bedeutet damit im wirklichen Leben zugleich alles und nichts mehr, ist zu einer puren Worthülse geworden. Viele literarisch und kulturell gebildete Menschen tun sich daher meist recht schwer, Liebe mit den gängigen klischeehaften Worten und Handlungen auszudrücken. Oder wie *Eva Illouz* gegen Ende ihres Buches feststellt (Illouz 2009, S. 321): *„Die Formeln romantischer Liebe werden heute nur noch von kulturell Benachteiligten für bare Münze genommen."* Wäre damit Liebesromantik also nur etwas für unbedarfte Gemüter?

6.4 Speed-Dating für schnelle Kontakte

Wir haben die biologischen Quellen des unterschiedlichen Wahlverhaltens von Männern und Frauen schon betrachtet. Zur Erinnerung: Demnach sollten biologisch betrachtet Männchen (Männer) mit möglichst vielen Weibchen (Frauen) Sex haben. Damit erhöht sich die Fitness der Männer, also die Chance, mehr Nachkommen mit den eigenen Genen zu zeugen, als andere Männer. Weibchen (Frauen) investieren mehr in den Nachwuchs. Einmal sind es die Eizellen, die im Vergleich zu den Spermien neben dem Erbgut auch noch aus Nährstoffen bestehen, im Gegensatz zu den männlichen Spermien. Das gesundheitliche Risiko bei einer Schwangerschaft ist hoch und meist bleibt auch heute noch die Betreuung des Nachwuchses überwiegend bei Frauen hängen. Daraus folgt, dass entsprechend diesen Überlegungen Frauen bei ihrer Partnerwahl wählerischer sein müssen als Männer.

Kann man diese Tendenzen auch heute noch in aufgeklärten Gesellschaften wie der unseren beobachten? Man kann! Direkt nachgewiesen haben Psychologen dieses Verhalten beim sogenannten Speed Dating oder Fast Dating. *„Unter Speed Dates [„schnelle Treffen"] versteht man eine fokussierte Form des Kennenlernens, bei der man in kürzester Zeit auf mehrere Singles treffen kann. Je ein Mann und eine Frau sitzen sich für eine kurze Zeit gegenüber und lernen sich kennen. Nach einigen Minuten ertönt ein Signal, und eine der Personen – meist der Mann – wechselt den Platz, und die Beschnupperungszeit mit einem neuen Gegenüber beginnt. Am Ende entscheiden sowohl Männer als auch Frauen anonym, wen sie wiedersehen möchten. Nur bei beiderseitigem Interesse tauscht der Veranstalter die Kontaktdaten aus."*

(Friedrich 23.12.2009)

In verschiedenen Untersuchungen hat man nun herausgefunden, dass Männer in der Regel wesentlich mehr Frauen wieder treffen wollten als Frauen Männer. Dies bestätigt, dass Männer weniger wählerisch sind als Frauen. Dabei kam auch heraus, dass Männer schon dann bereit sind, sich mit einer Speed Dating Partnerin zu treffen, wenn die bezüglich Aussehen und erstem Eindruck lediglich einen gewissen Mindeststandard erreichen. Frauen legen schärfere Auswahlkriterien zugrunde.

Auf welche Eigenschaften wir achten, hängt auch davon ab, ob man mit wenigen oder vielen Speed Dating Partner/Partnerinnen sprechen kann. Denn (Wetzel 1.12.2010): *„Stehen zu viele Optionen zur Verfügung, tendieren wir dazu, unsere Entscheidungen auf der Grundlage von schnell und einfach erkennbaren Reizen wie äußere Merkmale zu treffen."* Es scheint uns nicht möglich zu sein, bei vielen Partnern oder Partnerinnen auf zu viele Details zu achten. Gibt es nur wenige Partner bei diesen Speed Datings, dann wird wesentlich mehr darauf geachtet, wie sich der Partner im Gespräch verhalten hat, welche Hintergrundinformationen man vom Partner erhalten konnte. Die Anzahl möglicher Partner beeinflusst also unser Wahlverhalten.

In der Regel wechseln bei solchen Ereignissen die Männer die Plätze und die Frauen bleiben am gleichen Tisch. Wenn dies umgekehrt durchgeführt wird, dass also die Frauen die Plätze wechseln und die Männer bleiben sitzen, dann sind Frauen bereit, mit mehr Männern weiteren Kontakt zu halten. Festgestellt hat man dies, indem man zwei Vergleichsgruppen gebildet hatte, eine, bei der die Männer wechselten und eine, bei der dies die Frauen taten. Der aktivere Partner ist also meist weniger wählerisch und damit auch risikofreudiger.

Peter M. Todd (*1947), US-amerikanischer Professor für Psychologie und Informatik an der Indiana Universität in Bloomington, ist bei einer anderen Untersuchung des Partnerwahlverhalten wie folgt vorgegangen: Man hat zuerst die beteiligen Personen einen Fragebogen ausfüllen lassen. Sie konnten ankreuzen, nach welchen Eigenschaften sie einen Partner/eine Partnerin bewerten und wählen würden. Dazu gehörten Aussehen, Finanzen, Bildung, Gesundheit, Kinderwunsch und (voraussichtliche) Elternqualitäten. Zusätzlich wurde die Attraktivität der jeweiligen Person von zwei Versuchsleitern eingeschätzt.

Das überraschende Ergebnis (zitiert bei: Rudert 14.4.2010): *„Weder bei Frauen noch bei Männern entsprachen die zuvor im Fragebogen angegebenen Präferenzen der tatsächlichen Wahl. Vielmehr urteilten Männer ausschließlich nach der objektiven Attraktivität der Frau, unabhängig von ihrer eigenen Attraktivität als Partner. Frauen hingegen kombinierten die verschiedenen Eigenschaften der Männer zu einem Gesamtwert, den sie mit ihrer eigenen selbst eingeschätzten Attraktivität verglichen und wählten den Partner, dessen Gesamtwert dieser entsprach. Mit anderen Worten: Frauen wählten Männer, die ihnen gleichwertig waren ... während Männer jede halbwegs attraktive Frau in die engere Wahl zogen."* Frauen wählten demnach also insgesamt realistischer, *„...denn ein zu perfekter Partner bringt die Gefahr mit sich, irgendwann mit einer noch attraktiveren Frau zu verschwinden."*

7 Die Illusion der dauerhaften Liebesehe

Am 15.10.2012 haben die beiden US-amerikanischen Wirtschaftswissenschaftler *Alvin Roth (*1951) und *Lloyd S. Shapley (*1923)* gemeinsam den Wirtschafts-Nobelpreis erhalten. *Shapley* hat einen Algorithmus, eine mathematische Lösung gefunden, wie heiratswilligen Singles stabile Ehen bekommen könnten. Denn (Ankenbrand/Nienhaus 21.10.2012): *„Es ist das vielleicht älteste Problem der Menschheit: die Wahl des richtigen Partners. Wer passt zu mir? Und vor allem: Welche Liebe wird halten? Findet einer von uns womöglich noch einen besseren Partner?"* Unter den Annahmen, die *Shapley* dabei gemacht hat, funktioniert sein Modell. Es wird auch erfolgreich angewandt beispielsweise wenn Organspender und –empfänger zueinander finden oder Studienplätze verteilt werden sollen. Bei der Ehevermittlung hat das Modell bisher aber keine praktische Anwendung gefunden. Es ist zu kompliziert und man kann in der Praxis nicht alle Daten ermitteln, die für das Rechenmodell erforderlich wären.

Fragt man junge Ehepaare, warum sie einander geheiratet haben, dann werden wohl kaum ökonomische Gründe an erster Stelle genannt. In den meisten Fällen erhält man wahrscheinlich die Antwort: „Weil wir uns lieben". Und Liebe, so die gängige

Meinung, ist nicht berechnend und nicht berechenbar. Sie überkommt einen. Wenn wir an Ehe denken, dann fällt uns das westeuropäische Standardmodell ein: Frau, Mann und ein bis zwei Kinder in einem gemeinsamen Haushalt, in gegenseitiger Liebe und Achtung miteinander verbunden. Schon gar nicht darf Liebe ein Thema für die Ökonomie sein mit ihren staubtrockenen Formeln für Märkte, Angebote, Nachfrage, Marktgleichgewicht, Investitionen, Grenznutzen und was es sonst noch so gibt.

7.1 Ehen als Geschäft

Ehe war, wie wir vorher schon gesehen haben, keineswegs in der Vergangenheit ein Angelegenheit nur zwischen Mann und Frau. Es war eher ein Geschäft zwischen Familien. Die meisten Ehen waren arrangiert. Denn (Haeberle 2003, Kapitel 11.11.1): *„Für romantische Liebe oder selbst einfache Zuneigung blieb wenig Raum, man hielt sie auch nicht für besonders wichtig. Fortpflanzung und gemeinsame Lebensgestaltung waren die obersten Pflichten der Ehe."*

Die Familienstruktur beispielsweise im alten Israel war patriarchalisch. Töchter waren Besitz des Vaters, der sie an den Ehemann weitergab. Im antiken Griechenland und Rom hielt man die Ehe zwar für wichtig. Ledige und kinderlose Männer wurden verachtet. Aber der Vater arrangierte die Ehe für seinen Sohn, manchmal mit einer Frau, die der Sohn vorher noch nie gesehen hatte. Im germanischen Recht gab es einen „Ehehandel" zwischen Bräutigam und Brautvater. Als Anzahlung und Versprechen übergab der Bräutigam einen Ring. Den vollen Brautpreis bezahlte er nach der Hochzeit. Der Ring als Verlobungs- oder Ehering hat sich bis heute gehalten. Auch im Mittelalter blieb die Ehe eine praktische wirtschaftliche Angelegenheit in der Liebe keinen Platz hatte. Noch für den Reformator *Martin Luther(1483 – 1548)* war die Ehe ein *„weltlich Ding"*, wie er es nannte, obwohl die Kirche nach und nach dieses *„weltlich Ding"* schon mit sakralen Weihen ausgestattet hatte.

Heute wird die gegenseitige Zuneigung, die Liebe offiziell als der wichtigste Grund angesehen, warum ein Paar heiratet und einen gemeinsamen Haushalt gründet. Wie kommt es aber, dass dennoch die Verknüpfung, nämlich zwischen Liebe/Ehe und Ökonomie Platz in Tageszeitungen und Wochenzeitschriften gefunden haben? *„Kalkulierte Liebe"*, lautet die Überschrift über einen Artikel in der *Frankfurter Allgemeinen* im Jahr 2005; *„Liebe muss sich rechnen"*, betitelt der Autor seinen Beitrag im Magazin der *Süddeutschen Zeitung* im Jahr 2008; und *„Alte Männer lohnen sich"*, springt einem als Überschrift in der Wochenzeitschrift *STERN* im Jahr 2012 entgegen.

Doch damit nicht genug. Bereits im Jahr 1992 erhielt der US-amerikanische Ökonom *Gary S. Becker* (*1930) den Wirtschaftsnobelpreis dafür, dass er die ökonomische Theorie ausgedehnt hat auf menschliches Verhalten. In seinem Buch mit dem Titel *Ökonomische Erklärung des menschlichen Verhaltens* analysiert er unter anderem auch die Fruchtbarkeit von Frauen, die Menge und Anzahl von Kindern, und er entwirft eine ökonomische Theorie von Ehe und Heirat. Dieser Nobelpreis war so etwas wie der Ritterschlag für die Ökonomie, sich nun offiziell mit den Themen Partnerwahl, Liebe, Heirat und Ehe zu beschäftigen. Man musste nun als Ökonom nicht mehr schräge und mitleidige Blicke seiner Fachkollegen befürchten.

Cary S. Becker (*1930)
US-amerik. Ökonom, Nobelpreis 1992

Lloyd S. Shapley (*1923)
US-amerik. Ökonom, Nobelpreis 2012

Ökonomen erklären mit Ihren Modellen optimales menschliches Wahlverhalten

Abbildung 23: Ökonomische Erklärung menschlichen Verhaltens
Mit den Wirtschafts-Nobelpreisen 1992 für C. S. Becker und 2012 für Lloyd S. Shapley wurden die ökonomische Erklärungen menschlichen Verhaltens einer breiteren Öffentlichkeit bekannt. Demnach sind Ehe, Kinder, Partnerwahlverhalten und auch Trennung nichts anderes als Markt- und Zuteilungsprobleme. Theoretisch könnten mit mathematischen Modellen die Probleme gelöst werden.

Betrachten wir einmal - ohne mathematische Modelle - die offensichtlichen geldwerten Vorteile einer Ehe. In der Regel gründet in unserer westlichen Gesellschaft das Paar spätestens mit der Heirat einen gemeinsamen Haushalt. Anstelle von zwei Waschmaschinen benötigt man beispielsweise nur eine, anstelle von zwei Küchenausstattungen genügt eine, zumindest Küche, Wohn- und Esszimmer werden gemeinsam genutzt. Das bedeutet im Vergleich zu zwei Single-Haushalten: geringere Wohnfläche und damit reduzierte Miete sowie weniger Möbel. In der Betriebswirtschaft nennt man das „Degressionseffekt der fixen Kosten". Und auch die Steuerklasse wird günstiger.

Aber bis auf die Steuervergünstigungen könnte man die Vorteile auch erreichen in einem gemeinsamen Haushalt von beliebigen zwei oder mehr Personen, ob verschieden- oder gleichgeschlechtlich. Das wären also nicht unbedingt Heiratsgründe. Aus der Sicht von Ökonomen muss es also auch Güter und Dienstleistungen geben, die nur in der Ehe hergestellt und nur in der Ehe verbraucht werden können, die also nicht allgemein „marktfähig" sind.

Der schon erwähnte Nobelpreisträger *Becker* meint dazu (Becker 1993, S. 231): „*Sexuelle Befriedigung, Putzen, Kochen und andere Dienstleistungen kann man kaufen, nicht jedoch eigene Kinder*" (...) *Auf einer abstrakten Ebene kann man Liebe und andere*

97

emotionale Bindungen, wie sexuelle Aktivitäten oder häufig enges Zusammensein mit einer bestimmten Person, als besondere nicht marktfähige Haushalts-Güter betrachten". Liebe aus ökonomischer Sicht wäre damit reduziert auf eine gegenseitige Dienstleistung, die nur zwischen eben dieser Frau und diesem Mann möglich ist. Ein sehr enger Markt, mit nur je einem Anbieter und Nachfrager. Ein Volkswirtschaftler würde sagen, es herrscht ein Angebots- und zugleich Nachfragemonopol.

Becker meint weiterhin ganz unromantisch über die Ehe (Becker 1993, S. 10): *„Entsprechend dem ökonomischen Ansatz heiratet ein Mensch, wenn der Nutzen, den er von einer Heirat erwartet, den Nutzen übersteigt, den er sich vom Alleinbleiben ... verspricht"*. Zum Nutzen gehört auch der emotionale Nutzen, nicht nur der finanzielle. Daraus kann man dann folgern, dass sich das Paar wieder trennen wird, wenn diese Erwartungen zumindest bei einem Partner nicht erfüllt wurden, also im Laufe der Ehe das Kosten-Nutzen-Verhältnis sich zu ungünstig für ihn entwickelt hat oder seiner Ansicht nach entwickeln wird.

7.2 Exkurs: Vom Nutzens des Biertrinkens

So einleuchtend vielleicht das mit dem Nutzen klingen mag, so schwierig ist es aber, diesen zu messen. Was ist der Nutzen der leichteren sexuellen Verfügbarkeit des Partners? Wie misst man den emotionalen Nutzen von ein, zwei oder drei Kindern? Welchen Wert kann man den vertrauensvollen Gesprächen eines sich liebenden Paares beimessen? Oder wie viel Geld mehr muss ein hässlicher Mann verdienen oder besitzen, im Vergleich zu einem attraktiven, damit eine Frau ihn erwählt. Oder umgekehrt: Wie reich muss eine Frau sein, damit sie auch bei schiechem Aussehen oder zickigem Verhalten noch einen Mann abbekommt? Ökonomen haben auch dafür eine Methode gefunden: die Nutzenfunktion. Ein Beispiel mag das Prinzip verdeutlichen *(Abbildung 24: Nutzenfunktion des Biertrinkens)*.

Nehmen wir an, Sie seien sehr durstig. In der Graphik tragen sie auf der horizontalen Achse die Anzahl Biere ein, auf der senkrechten Achse Nutzenpunkte. Und nehmen wir nun weiter an, dass nach vier Bier Ihr Durst ganz gestillt wäre. Für die volle Befriedigung Ihres Bedürfnisses würden man 100 Nutzenpunkte ansetzen. Das erste Bier würde ihnen 40 Nutzenpunkte bringen, denn Ihr Durst ist immens. Das nächste bringt allerdings schon etwas weniger, nämlich nur 30, das nächste wieder etwas weniger, also beispielsweise nur 20 und vom dritten zum vierten Bier – wenn sie also schon fast ihren Durst vollständig gestillt haben – wären es nur noch 10 Nutzenpunkte, die Ihnen dieses zusätzliche Bier bringt.

Das fünfte Bier würden Sie vielleicht noch trinken, aber es bringt keine zusätzliche Befriedigung, also keine Nutzenpunkte. Ab dem sechsten Bier müssten Sie sich mehr und mehr zwingen, es hinunter zu kippen, ein unangenehmes Gefühl. Der Nutzen aus jedem weiteren Bier nimmt daher weiter ab. Und nach dem neunten Bier müssten Sie sich vielleicht erbrechen – der ganze Nutzen wäre wieder dahin. Mathematisch als Kurve beschrieben, wäre die Nutzenfunktion eine stetig ansteigende und dann stetig abfallende Kurve mit einem einzigen Maximum.

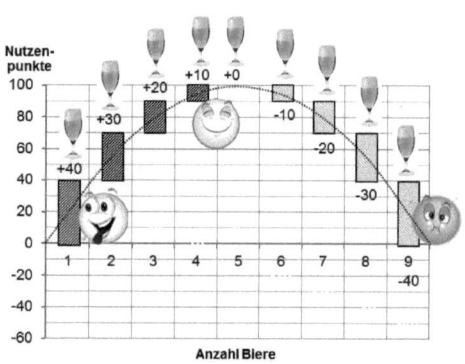

Abbildung 24: Nutzenfunktion des Biertrinkens
Das erste Bier schmeckt am besten. Je mehr man trinkt, desto geringer ist die Befriedigung durch jedes weitere Bier. Das geht soweit, bis ein weiteres Bier keinen Nutzen mehr bringt, sondern einen Schaden (Übelkeit, Erbrechen). In der Betriebs- und Volkswirtschaft nennt man dies das Gesetz vom abnehmenden Grenznutzen. Das Problem: Diese Nutzenfunktion kann von Person zu Person verschieden sein.

Jetzt mögen Sie denken, dass Sie ja noch nie solche Berechnungen angestellt haben. Aber das wäre ein vorschneller Schluss. Sie haben solche Überlegungen unbewusst schon sehr oft angestellt, aber eben nur nicht bemerkt. Das Schwierige daran ist, dass jede Person für bestimmte emotionale oder reale Güter seine eigene Nutzenfunktion hat. Und es gibt nicht eine, sondern sehr viele Nutzenfunktionen, abhängig welches Produkt oder welche Dienstleistung, betrachtet werden soll. Bei Geld oder Vermögen beispielsweise würde die Nutzenlinie stetig ansteigen und wahrscheinlich nicht wieder fallen. Denn auch nach einer Million Euro könnten noch unzählige weitere hinzukommen, ohne dass Ihnen dabei schlecht wird.

7.3 Ehepartner als Handelspartner

Kommen wir wieder zurück auf die Ehe. Sie ist zweifellos eine intensive zwischenmenschliche Beziehung. Und in jeder Beziehungen versuchen die beteiligten Personen, hier Frau und Mann, für sich die vorteilhaftesten Regelungen zu finden. Dies muss kein sogenanntes Nullsummenspiel sein, bei welchem der eine verliert, was der andere gewinnt. Es kann sich auch um eine sogenannte Win-Win-Situation handeln, die für beide Partner vorteilhafter ist als vorher. Selten kann sich eine Person vollständig durchsetzen. Es werden Zugeständnisse in einem Punkt gemacht, für das man bei einem anderen Punkt für sich wieder etwas verbessern kann. Man handelt die Bedingungen aus: in Gesprächen, in Diskussionen, im Streit und im argumentativen mentalen Armdrücken.

Die Ehe als eine ökonomische Angelegenheit ist also, wie wir gesehen haben, nichts Neues. War sie in vergangenen Epochen eine Produktions- und Konsumeinheit, ist sie heute jedoch fast nur noch eine Konsumeinheit. Durch das Modell der romantischen Liebe wurde diese Tatsache in den letzten zweihundert Jahren hinter einem verklärenden Schleier versteckt. Doch Menschen sind Nutzenmaximierer, wie alle anderen Lebewesen auch. Sie handeln entsprechend ihrer bewussten oder unbewussten Ziele. Und die emotionale Währung, die sie in einer Beziehung einsetzen, reichen von scheinbar aufopferndem selbstlosem Verhalten bis hin zur verdeckten emotionalen Erpressung oder zum offenen Egoismus.

Eine verbreitete Definition von Ökonomie lautet, sie sei (www.wikipedia.de 16.4.2012) *„… die Gesamtheit aller Einrichtungen und Handlungen, die der planvollen Deckung des menschlichen Bedarfs dienen. Zu den wirtschaftlichen Einrichtungen gehören Unternehmen, private und öffentliche Haushalte, zu den Handlungen des Wirtschaftens Herstellung, Verbrauch, Umlauf und Verteilung von Gütern."* In diesem Sinne ist auch die Ehe eine ökonomische Angelegenheit. Spätestens bei einer Scheidung wird dies überdeutlich, wenn um Vermögen und verbleibendes Einkommen für die Zeit danach gestritten wird. Und spätestens dann merkt man, dass die romantische Liebe vielleicht doch kein alleiniges tragfähiges Konzept für eine dauerhafte Ehe war – trotz der Schwüre für ewige Liebe und Treue und „bis der Tod uns scheidet" zu Beginn.

7.4 Die Mathematik der Partnersuche

Nicht nur, dass die Ehe eine ökonomische Angelegenheit zu sein scheint, sie ist auch eine mathematische. Genauer: Sie ist eine Angelegenheit der Wahrscheinlichkeitsrechnung. Der schon erwähnte Chicagoer Ökonom *Gary Becker* hat die mathematische Nutzenbetrachtung bei der Partnerschaft eingeführt. Die Frage bleibt dabei jedoch immer noch offen, wie lange man suchen soll. Denn (Grötker 15.12.2012): *„Wer zu lange sucht, ohne sich zu entscheiden, geht am Ende leicht leer aus. Dann mit fortgesetzter Suche sinkt die Zahl freier Partner, während die eigenen Ansprüche steigen"*, meint der Philosoph, Journalist und Wissenschaftsautor *Ralf Grötker*.

Nehmen wir an, Sie hätten Kontakt mit 100 Partnern oder Partnerinnen, die potentiell für eine Heirat infrage kämen. Sie würden sie hintereinander testen - was immer Sie darunter verstehen. Sie müssten sich aber nach jedem Personentest entscheiden, ob Sie diese Person als Partner oder Partnerin wählen. Auf die vorher getesteten Personen könnten Sie nicht mehr zurückgreifen, da Sie sich ja bereits gegen sie entschieden haben. Entscheiden Sie sich zu früh, haben Sie möglicherweise nur einen Partner minderer Qualität gewählt. Entscheiden Sie sich zu spät und waren zu wählerisch, steht ihnen der bestmögliche Partner vielleicht nicht mehr zur Verfügung. Was tun?

Mathematiker haben herausgefunden, dass Sie wie folgt vorgehen sollten: Sie testen 37 Prozent der Personen, in unserem Fall 37. Sie merken sich die beste Person aus diesen 37 als Referenzperson. Ab der 38. Person entscheiden Sie sich für diejenige, die als nächste besser ist als Ihre Referenzperson. Mathematisch betrachtet hat man sich damit in rund zwei Drittel der Fälle, genauer 67 Prozent, für einen Partner oder eine Partnerin entschieden, der oder die zu den besten zehn Prozent gehört. Wenn man allerdings Pech hat, war die beste Person schon unter den ersten 37, die man ja schon abgelehnt hat, und man entscheidet sich dann für die hundertste. Man findet ja keine bessere mehr und hat zuletzt alle 99 bisherigen Personen abgelehnt. Und dann müsste man nehmen, was eben als letztes noch da ist. Bei dieser 37-Prozent-Regel war die Qualität der Bewerber unbekannt und es konnten auch mehrere die gleiche Qualität/Attraktiviktät aufweisen.

Wenn man nun einmal annimmt, dass jede Personen eine andere Gesamtqualität oder -attraktivität aufweist, was wahrscheinlicher ist, dann käme man rein mathematisch auch mit der sogenannten 12-Prozent-Regel gut voran. Die sonstigen Bedingungen sind ähnlich wie bei der 37-Prozent-Regel nämlich, dass man a) sich nach jedem Test entscheiden muss, und b) nicht auf abgelehnte Personen zurückgreifen kann. Man würde hier von 100 Personen nur 12 Personen testen, also 12 Prozent. Aus diesen 12 merkt man sich ebenfalls die beste Person als Referenzperson. Für die nächste Person, ab Person 13 also, die besser ist als diese Referenzperson, entscheidet man sich. Mit einer Wahrscheinlichkeit von 77 Prozent hat man sich dann für eine Person entschieden, die ebenfalls unter den Top-10-Prozent zu finden ist.

$$p = \lim_{n \to \infty} \left(\frac{n-1}{n}\right)^n$$
$$= \frac{1}{e}$$

Wie viele treffen?
Wann sich entscheiden?
Für wen sich entscheiden?

e = eulersche Zahl = 2,71828...

Abbildung 25: Partnersuche und Wahrscheinlichkeiten
Wer zu lange sucht, geht vielleicht leer aus. Wer sich zu früh entscheidet, verpasst möglicherweise eine bessere Gelegenheit. Partnerwahl ist auch eine Sache der Wahrscheinlichkeitsrechnung. Die Frage ist, ob man einen Partner/eine Partnerin im oberen Attraktivitätszehntel suchen will oder man vermeiden möchte, dass man einen/eine im unteren Viertel abbekommt. Dazu bieten Mathematiker die 37-, die 12- oder die 2-Prozent-Regel an.

Wenn man lediglich vermeiden will, dass man nicht an die 25 Prozent schlechtesten Personen gerät, genügt es, lediglich zwei Prozent zu testen, also von 100 Personen zwei. Die beste Person aus diesen zwei wäre dann Referenzperson. Ab der dritten Person nimmt man diejenige, die besser ist als diese Referenzperson. Mit 99-prozentiger Wahrscheinlichkeit hat man sich dann nicht für eine der 25 schlechtesten entschieden. Wenn Sie 37 oder 12 Personen testen und sich danach entscheiden, betrieben Sie Chancen-Optimierung. Zwei Personen testen und sich danach entscheiden, wäre Risikominimierung.

Es gibt Kritik an diesen drei eben erwähnten Auswahlstrategien. Ein Kritikpunkt wäre, dass sich – zumindest in den westlichen Gesellschaften – der gewählte Partner oder die Partnerin ja gegen die Wahl entscheiden kann. Es nützt also nichts, wenn man seine Wahl betroffen hat, die ausgewählte Person aber dann ablehnt. Eine zweite Einschränkung besteht darin, dass die Attraktivität der gewählten und der wählenden Person bei der Zustimmung oder Ablehnung mitspielt. Denn (Grötker 15.12.2012): *„Um einen attraktiven Partner zu bekommen, muss man selbst ein hohes Niveau vorweisen können. Dies gilt es zu berücksichtigen, will man selbst nicht leer ausgehen."* Wenn die gewählte Person sich als sehr attraktiv und begehrenswert betrachtet, wird sie möglicherweise keine Person als Partner akzeptieren, die unter dem eigenen Attraktivitätsniveau liegt. Doch diese Einschätzung ist keine Konstante, sondern verändert sich mit Erfolg- oder Misserfolg am Partnermarkt.

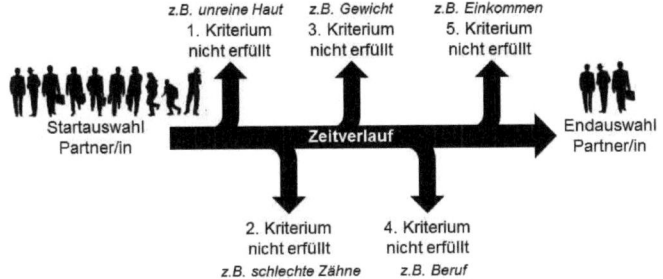

Mindeststandard pro Kriterium muss erfüllt sein

Abbildung 26: Partnerwahl nach K.O.-Kriterien
Ein praktisches Wahlverhalten wäre das K.O.-System. Nach und nach werden Kandidaten/Kandidatinnen ausgeschieden. Zuerst müssen K.O.-Kriterien erfüllt sein, dann wünschenswerte Eigenschaften oder Verhalten. Aus der verbleibenden Anzahl kann man dann nach Gefühl, also intuitiv entscheiden.

Eine dritte Einschränkung ist der Umstand, dass man nicht alle Informationen über die andere Person haben kann, die für die eigene Entscheidung wichtig sein könnten. Deshalb kann man auch nicht wirklich sicher bewerten, wie insgesamt die Qualität des gegengeschlechtlichen Partners ist. Der kann sich während der „Testphase" gekonnt verstellen und damit Qualitäten vortäuschen, die real gar nicht vorhanden sind. Wäre dies nicht möglich, gäbe es keine Heiratsschwindler oder –schwindlerinnen.

Es scheint daher, dass für das Partnerwahlverhalten das K.O.-System realistischer ist, wie es *Kerstin Cyrus* in ihrer Dissertation untersucht und beschrieben hat (Cyrus 2009). Danach sortiert man zuerst einmal diejenigen Partner aus, die offensichtlich negative oder unerwünschte Erscheinungen, Eigenschaften und Verhalten zeigen. So scheiden nach und nach immer mehr aus, die definitiv nicht infrage kommen. Und aus dem verbleiben Rest wählt man dann nach Gefühl, also intuitiv. Damit hat man zumindest das Risiko einer Fehlentscheidung minimiert und die eigenen Investitionen in eine Partnerschaft oder Ehe sind einigermaßen gesichert.

Vielleicht sind es dann bei dieser Endauswahl eben gerade Gefühle wie Sympathie, Zuneigung oder Liebe, die uns anzeigen, wann wir unser Ziel erreicht haben und es sinnvoll scheint, die weitere Suche aufzugeben, selbst wenn es objektiv betrachtet noch einen besseren Partner oder eine bessere Partnerin geben könnte. Auch wenn sich später herausstellen sollte, dass man einen besseren Partner/eine bessere Partnerin hätte haben können, hat man zumindest sein späteres Bedauern minimiert.

7.5 Amors Jagdgründe

Liebe, so suggerieren uns Romane, Zeitschriften oder Filme, kenne keine Grenzen. Wenn zwei von Amors Pfeilen getroffen worden sind, dann würden Sprache, Kultur, Religion oder Bildung keine Rolle spielen. Das alles überwältigende Gefühle würde Grenzen überwinden, geographische und gesellschaftliche. Aber ist das wirklich so? Jagt Amor, dieser mythische römische Gott der Liebe, weltweit und blind für soziale Unterschiede? Gewiss, es gibt sie wahrscheinlich, die alles begehrende Liebe auf den ersten Blick zu einer noch unbekannten Person, die wie ein Blitzschlag das Gemüt erfasst. Es gibt sicherlich das verzehrende, schmerzliche und beglückende Sehnen nach dem oder der Geliebten.

Die Realität sieht, wie wir bisher erkannt haben, doch anders aus. *Heike Wirth*, Soziologien und Politikwissenschaftlerin, hat sich die statistischen Daten in Deutschland vorgenommen und kommt ebenfalls zu wenig romantischen Ergebnissen. Partnersuche und –wahl läuft auf zwei Ebenen ab: Makroebene und Mikroebene. In der Makroebene wird das gesellschaftliche Umfeld beschrieben, in dem Partner andere Partner suchen und wählen, beispielsweise Schule, berufliche Ausbildung/Studium oder Arbeitsumfeld oder Vereine. Auf der Mikroebene wird der Partner/die Partnerin nach bestimmten Kriterien ausgeschieden oder ausgewählt, wie Alter, Körpergröße, Attraktivität, Statut etc.

Die eigene Zeit ist eine knappe Ressource. Man kann nur mit einer begrenzten Anzahl Personen über persönliche Begegnungen Kontakte pflegen. Und diese Kontakte kommen überwiegend mit Personen zustande, die sich in einem ähnlichen Umfeld bewegen. Und das sind, wie eben erwähnt, die Schule bei Jugendlichen, Ausbildung/Studium bei Heranwachsenden und das beruflichen Umfeld bei Erwachsenen. Die scheinbar freie Partnerwahl, so die Erkenntnisse der Soziologen, ist damit schon „vorstrukturiert" durch das persönliche Umfeld, in das man hineingeboren worden ist oder in dem man sich bewegt.

Das Bildungs- und Ausbildungssystem bestimmt also weitgehend, mit wem wir hauptsächlich engere persönliche Kontakte pflegen. Und das sind auch die Personen, aus denen man in der Regel seinen Lebenspartner/seine Lebenspartnerin wählt. *Wirth* kommt zu dem Schluss, dass die Neigung bestehe (Wirth 24.7.2007, S. 7) *„... Partner mit dem gleichen formalen Bildungsabschluss zu heiraten ... und sich hieran kaum etwas verändert hat." Wirth* meint weiter (Wirth 24.7.2007, S. 8): *„Dies deutet darauf hin, dass sich die ´Partnersuche´ stark auf den naheliegenden Partnerpool, d.h. auf die direkt oder indirekt über den Schulbesuch herausgebildeten Freundschaftskreise konzentriert."*

Am wenigsten durchlässig für andere Bildungsschichten seien Akademiker, als privilegierte Gruppe, und Hautschulabgänger ohne berufliche Ausbildung, als weniger privilegierte Bildungsgruppe. Generell würden es die allgemeinbildenden Schulabschlüsse sein, die unsichtbare Grenzlinien markieren zwischen den verschiedenen Bildungsschichten. Damit enge sich die Anzahl der infrage kommenden Partner/innen automatisch ein. Es sei, jedenfalls nach den statistischen Daten, nicht erkennbar, dass typische Heiratsgrenzen zwischen Angestellten und Arbeitern verschwunden sind. Sie würden weiterhin bestehen.

Ein gewichtiges Gegenargument könnte sein, dass durch die Internet-Partnerbörsen diese Klassengrenzen nach und nach verschwinden. Auch Heiratsanzeigen in den Printmedien würden ja den Kreis möglicher Partner auch wesentlich erweitern. Aber dadurch, dass man beispielsweise in einer ganz bestimmten Zeitschrift inseriert, die überwiegend von einem bestimmten Leserkreis gelesen wird, schließt man andere Kontaktpersonen aus, die nicht zum Leserkreis gehören. Und wer bei seinem Personenprofil im Internet bewusst auf seine Vorlieben, Hobbies, Ausbildung und seinen Beruf hinweist, adressiert ebenfalls auf diese Weise Personen seiner eigenen Bildungsschicht.

Das Homogamie-Prinzip scheint somit die Partnerwahl zu bestimmen, das Prinzip also, dass man sich einen ähnlichen Partner sucht. Die Suche aufgrund solcher Ähnlichkeiten beginnt schon, bevor man eine individuelle Person kennenlernt, sie ist damit „vorstrukturiert". Sie beginnt bereits auf der sogenannten Makroebene, bei der allgemeinen Schulbildung. Die studierte Frau, sie Ihren Gärtner heiratet oder der erfolgreiche Schriftsteller, der sich ein hübsches sexy Dummerchen als Frau nimmt, sind also seltene Ausnahmen.

Abbildung 27: Partnerwahl ist vorstrukturiert
Individuelle Kontakte (Mikroebene) ergeben sich aus den Personenkreisen, in denen man oft verkehrt. Der wird hauptsächlich bestimmt durch den allgemeinbildenden Schulabschluss. Die scheinbar unabhängige Partnerwahl wird dadurch eingeschränkt (Makroebene). Bestimmte Personen sind dadurch von vornherein ausgeschlossen.

8 Was wären die Konsequenzen

8.1 Bisherige Erkenntnisse

Lassen wir zum Schluss nochmals zusammenfassend ein paar Punkte Revue passieren. Nach einem Blick in eine Internet Diskussion über den verfallenden Marktwert einer Frau ab vierzig haben wir ein paar Statistiken betrachtet. Eine Erkenntnis war, dass im Schnitt jede zweite Ehe geschieden wird. Wir haben dann Partnerwahlverhalten aus biologischer Sicht beleuchtet. Ergebnis war, dass durch die menschliche Evolutionsgeschichte und die damit verbundene sexuelle Auswahl Frauen dafür sensibilisiert wurden, einen Partner zu suchen mit möglichst vorteilhaften biologischen und gesellschaftlichen Eigenschaften. Ein Grund sind die hohen Investitionen der Frauen in den Nachwuchs.

Wir haben uns dann mit den Rollenklischees und Partnerwahl-Strategien auseinandergesetzt. Bei Frauen und Männern besteht eine hohe Übereinstimmung darin, was sie für unattraktiv halten. Dabei wurde deutlich, dass man wahrscheinlich bei der Partnerwahl nicht sofort alle Facetten eines Partners bewertet, sondern zuerst diejenigen Personen aussortiert, die gewisse Mindeststandards nicht erfüllen.

Dann haben wir uns dem Partnermarkt zugewandt. Die suchende Person ist sowohl Anbieter der eigenen Person als auch gleichzeitig Nachfrager am Partnermarkt. Im Wettbewerb um einen möglichst vorteilhaften Partner beitreiben sowohl Männer als auch Frauen bewusst und unbewusst Ich-Marketing. Es gelten ähnliche Regeln wie beim Kauf- und Verkauf von Produkten. Es geht für die Marktteilnehmer um Risiko-Minimierung einerseits, aber auch danach um Nutzen-Maximierung bei der Partnerwahl.

Nutzen, so haben wir gesehen, ist nicht nur Geld, Einkommen oder Vermögen sondern es gibt auch den sogenannten emotionalen Nutzen aus einer Beziehung. Auch wenn das Internet als Medium für die Partnersuche eingesetzt wird, gilt weiterhin der Selektionsmechanismus entsprechend der volkstümlichen Redensart: „Gleich und gleich gesellt sich gern."

Wir haben uns dann der sogenannten romantischen Liebe zugewandt. Sie ist gekennzeichnet durch die drei Eigenschaften: ewig, seelentief, überwältigend. Die romantische Liebe ist heutzutage eng verzahnt mit Konsum. Es wird in solchen Beziehungen Geld ausgegeben für Imagepflege, Freizeit und Geschenke. Idealisierte konsumfreie Beziehungen sind nicht mehr möglich. Es werden keine Produkte mehr in den Mittelpunkt gestellt, sondern in vielen Fällen die irrationale Sehnsucht nach einer idealisierten erotischen Liebesbeziehung oder auch nach Sex.

In westlichen Gesellschaften wird die gegenseitige Zuneigung, die Liebe als wichtigster Grund für eine Ehe angesehen. Dennoch ist die Ehe auch und gerade eine ökonomische Angelegenheit – mehr als man sich meist eingestehen möchte. Die Nutzenbetrachtungen können in mathematischen Formeln beschrieben werden. Selbst die Partnerwahl-Strategien können mit Modellen der Wahrscheinlichkeitsrechnung abgebildet werden. Beispiele waren die 37er-, 12er- oder 2er-Regel.

8.2 Was bleibt

Was bleibt? Die ewig dauernde, seelentiefe und überwältigende romantische Liebe bleibt immer noch die Sehnsucht vieler moderner Menschen. Film, Fernsehen, Romane und Zeitschriften haben Vorstellungen von exklusiver Zweisamkeit und Ehe geprägt, die jedoch unerfüllbar sind und damit unweigerlich zu Enttäuschungen führen müssen.

Das wirkliche Leben und Lieben scheint profaner zu sein. Es geht um die Sicherung der materiellen Existenz. Es geht um Zeugung und Aufzucht von eigenen Kindern. Es geht um Wettbewerbsvorteile in der Gesellschaft. Es geht darum, wie man im Vergleich zu seinem beruflichen und privaten Umfeld dasteht: körperlich, intellektuell und finanziell. Es geht um gesellschaftliches Prestige.

Wir drücken Gefühle auch dadurch aus, dass wir konsumieren: zum Essen einladen, auf eine gemeinsame Urlaubsreise gehen, uns durch Kleidung und Make-Up herrichten für die Begegnung mit Personen des anderen Geschlechts und indem wir gegenseitig Geschenke machen. Alles kostet Geld. Der Kapitalismus und die Marktwirtschaft haben die Romantik okkupiert, eingenommen, übernommen, besetzt. Man mag dies bedauern. Aber besser ist es sicherlich, sich mit der Realität anzufreunden und sie bei seinen Entscheidungen zu berücksichtigen.

Wer dennoch an die ideale romantische Liebe glaubt oder glauben will, wer sich weigert diese völlig unromantischen Argumente zu beachten, wer bei seiner Partnerwahl warten möchte, bis er vom Blitz der Liebe, den Pfeilen des Amor unverhofft getroffen wird, der soll es tun. Nur warten er oder sie vielleicht vergebens, bleiben am Ende allein oder werden wieder zum Alleinleben genötigt, weil die Ehe oder Partnerschaft auf zu wackeligen, rein emotionalen Fundamenten gebaut worden ist.

Doch vielleicht empfindet das die betreffende Person immer noch besser, als gefangen zu sein in einem Beziehungskäfig, aus dem man nicht mehr entwischen kann. Gefangen zu sein hinter unsichtbaren Gittern, ähnlich dem Panther im gleichnamigen Gedicht aus dem Jahr 1902 von *Rainer Maria Rilke (1875 – 1926)*:

© Micosoft

Der Panther
Im Jardin des Plantes, Paris

Sein Blick ist vom Vorübergeh´n der Stäbe
so müd´ geworden, dass er nichts mehr hält.
Ihm ist, als ob es tausend Stäbe gäbe
und hinter tausend Stäben keine Welt.

Der weiche Gang geschmeidig starker Schritte,
der sich im allerkleinsten Kreise dreht,
ist wie ein Tanz von Kraft um eine Mitte,
in der betäubt ein großer Wille steht.

Nur manchmal schiebt der Vorhang der Pupille
sich lautlos auf -. Dann geht ein Bild hinein,
geht durch der Glieder angespannte Stille -
und hört im Herzen auf zu sein.

Literaturverzeichnis

Anhäuser, M. (25. 06. 2003). *Sudden Death beim Sex*. Abgerufen am
06. 03. 2012 von
http://www.spiegel.de/wissenschaft/natur/spinnenmaennche
n-sudden-death-beim-sex-a-254516.html

Ankenbrand, H., & Nienhaus, L. (21. 10. 2011). Zwei Ökonomen
verbessern die Welt. *F.A.S.*, 38.

Anonym. (17. 07. 2010). *Fällt mit dem Klimakterium für Frau der
Marktwert schlagartig zusammen*. Abgerufen am 30. 03.
2012 von https://www.elitepartner.de/forum/faellt-mit-dem-
klimakterium-fuer-frau-der-marktwert-schlagartig-
zusammen-11369-2.html

Becker, G. S. (1993). *Ökonomische Erklärung menschlichen
Verhaltens* (2. Ausg.).

Berndt, J. C. (2009). *Die stärkste Marke sind Sie selbst!*

Bottaro, G. M. (2009). *Die Konstruktion der Liebe*. Diplomarbeit.
Universität Wien.

Bruschewski, M. (2006). *Soziale und ökonomische Aspekte von
Singlebörsen und Partnervermittlungen im Internet*.
Bachelorarbeit, Hochschule für Medien, Stuttgart.

Cyrus, K. (2009). *Hochattraktiv oder nur nicht unattraktiv: Was zählt
bei der Partnerwahl? (Dissertation)*. Abgerufen am 11. 03.
2012 von http://elpub.bib.uni-
wuppertal.de/servlets/DerivateServlet/Derivate-
1488/dg0906.pdf

de Waal, F. (2011). *Das Prinzip Emphatie. Was wir von der Natur für
eine bessere Gesellschaft lernen können*.

Eibl-Eibesfeld, I. (1982). *Liebe und Hass. Zur Naturgeschichte
elementarer Verhaltensweisen*.

Eibl-Eibesfeldt, I. (2004). *Die Biologie des menschlichen Verhaltens*.

Eisenrieder, G. (19. 07. 2012). *Vor 317 Jahren gab´s die erste
Kontaktanzeige*. Abgerufen am 31. 01. 2012 von
http://www.bild.de/ratgeber/partnerschaft/partnersuche/erste
-heiratsanzeige-vor-317-jahren-25233576.bild.html

Finsterwalder, F. (2008). *Evolutionspsychlogische Erklärungen geschlechterspezifische Parnterpräferenzen.* Abgerufen am 11. 03. 2012 von www.uni-hamburg.de/fachbereiche-einrichtungen/fb16/absozpsy/seminarbericht-14.pdf

Fletcher, G. J. (2002). *The New Science of Intimate Ralationships.*

Friedich, A. (23. 12. 2009). *Frauen sind nicht immer wählerischer.* Abgerufen am 04. 09. 2012 von http://www.forschung-erleben.uni-mannheim.de/node/129

Grammer, K. (1993). *Signale der Liebe. Die biologischen Gesetzt der Partnerschaft.*

Grötker, R. (15. 12. 2006). *Zwischen Intuition und Kalkül.* Abgerufen am 27. 04. 2012 von http://www.scinexx.de/dossier-300-1.html

Häberle, E. J. (2003). *Die Sexualität des Menschen.* Abgerufen am 12. 04. 2012 von http:/www2.hu-berlin.de/sexology/ATLAS_DE/index.html

Hall, E. T. (1994). *Die Sprache des Raumes.*

Illouz, E. (2003). *Der Konsum der Romantik. Liebe und die kulturellen Widersprüche des Kapitalismus.*

Klopp, E. (2012). *Theorien der Partnerwahl.* Abgerufen am 26. 01. 2012 von http://www.eric-klopp.de/texte/evolutionspsychologie/10-theorien-der-partnerwahl

Klug, T. (19. 07. 2005). *Er sucht Sie - Sie such Ihn.* Abgerufen am 31. 10. 2012 von http://www.dradio.de/dkultur/sendungen/kalenderblatt/396128/

Köcher, R. (22. 02. 2012). *Partnerschaft 2012: Zwischen Herz und Verstand.* Abgerufen am 17. 10. 2012 von http://www.jacobskroenung-studie.de/studie/

Landhäuser, A. (19. 11. 2008). *Schön, schlank, schlau.* Abgerufen am 20. 10. 2012 von http://www.forschung-erleben.uni-mannheim.de/index.php?q=node/75

Lorenz, W. (1992). *Ökonomische Theorie zwischenmenschlicher Beziehungen. Die Ehe als Dienstleistungsgemeinschaft.* Abgerufen am 11. 03. 2012 von www.wilhelmlorenz.de/etc/ontexte/oeth/oeth9.htm

Magerl, S. (2008). *Liebe muss sich rechnen.* Abgerufen am 13. 04. 2012 von http://sz-magazin.sueddeutsche.de/drucken/text/26011

Matuscheck, M. (24. 07. 2012). Korsett? Nur aus Leder! *DIE WELT*, S. 2.

Mauss, M. (1990). *Die Gabe. Form und Funktion des Austausches in archaischen Gesellschaften.* Originalausgabe 1950.

Miller, G. F. (2001). *Die Sexuelle Evolution. Partnerwahl und die Entstehung des Geistes.*

Peters, W. (20. 04. 2010). *Raster des Erfolgs.* Abgerufen am 10. 0t. 2012 von http://www.faz.net/aktuell/technik-motor/auto-verkehr/auto-design-das-raster-des-erfolgs-1969880.html

Pflitsch, D., & Wiechers, H. (2010). *Der Online-Dating-Markt 2009 - 2010. Deutschland - Österreich - Schweiz.* Abgerufen am 12. 09. 2012 von www.singleboersen-vergleich.de/presse/online-dating-markt-2009-2010.pdf.

Piel, E. (2000). Mann & Frau. Alte Mythen, neue Rollen. *GEO WISSEN*(26/00).

Roebke, J. (01. 07. 2007). *Reich, gesund und glücklich: Ein Lob der Ehe.* Abgerufen am 12. 04. 2012 von http://www.faz.net/aktuell/wirtschaft/hochzeit-reich-gesund-und-gluecklich-ein-lob-der-ehe-1434818.html

Rudert, S. (14. 04. 2010). *Romantik? Von wegen! - Männer und Frauen gehen bei der Partnerwahl strategisch vor.* Abgerufen am 04. 09. 2012 von www.forschung-erleben.uni-mannheim.de/index.php?q=node/141.

Schreiber, J. (2011). *Schmale Taile, große Augen - Ergebnisse der Attraktivitätsforschung.* Bayern 3 - radio Wissen: Sendemanuskript, 17.10.2011.

Schulz, F., & Zillmann, D. (2009). *Das Internet als Heiratsmarkt. Ausgewählte Aspekte aus Sicht der empirischen Partnerwahlforschung.* Abgerufen am 29. 04. 2012 von http://www.ifb.bayern.de/imperia/md/content/stmas/ifb/materialien/mat_2009_4.pdf.

Sebastian, A. (2010). *Alles nur Berechnung. Menschen bei der Partnerwahl.* WDR5: Sendemanuskript 6.8.2010.

Seldel, C., & Beutelmeier, W. (2006). *Die Marke ICH.*

Sichelstiel, G. (2001). *Theoretische Ansätze zur Erklärung von Ähnlichkeit und Unähnlichkeit in Partnerschaften.* Abgerufen am 11. 03. 2012 von www.tu-ilmenau.de/fileadmin/media/wpo/Diskussionspapier_Nr_25.pdf

Sombart, W. (1984). *Liebe, Luxus und Kapitalismus. Über die Entstehung der modernen Welt aus dem Geist der Verschwendung.* Originalausgabe 1912.

Sommer, V. (1999). *Lob der Lüge. Täuschung und Selbstbetrug bei Tier und Mensch.*

Sponsel, R. (27. 05. 2005). *Attraktiv und Attraktivität.* Abgerufen am 11. 03. 2012 von http://www.sgipt.org/gipt/sozpsy/attrak0.htm#Begriff.

Straubhaar, T. (12. 01. 2012). *Alte Männer lohnen sich.* Abgerufen am 12. 04. 2012 von http://www.stern.de/wirtschaft/news/wochenmarkt-die-wirtschaftskolumne-alte-maenner-lohnen-sich-1777264.html

Tachtsoglou, S. (2010). *Eheorientierung und Ehestabilität (Dissertation).* Abgerufen am 11. 03. 2012 von http://kups.ub.uni-koeln.de/3143/

Uhl, M., & Voland, E. (2002). *Angeber haben mehr vom Leben.*

Voland, E. (2009). *Soziobiologie. Die Evolution von Kooperation und Konkurrenz.*

Waynforth, D. (2001). Mate choice trade-offs and women´s preference for physical attraktive man. *HUMAN NATURE, Volume 12, No 3,* 207-219.

Wetzel, M. (01. 12. 2010). *Die Qual der Wahl: Wie wähle ich den passenden Partner?* Abgerufen am 04. 09. 2012 von http://www.forschung-erleben.uni-mannheim.de/index.php?q=node/430

Wirth, H. (24. 07. 2007). *Bildung, Klassenlage und Partnerwahl. Eine empirische Analyse zum Wandel der bildungs- und klassenspezifischen Heiratsbeziehungen (Kurzfassung Dissertation).* Abgerufen am 01. 10. 2012 von https://www.destatis.de/DE/UeberUns/UnsereAufgaben/GerhardFuerstPreis/Preistraeger/1999/Wirth.pdf?__blob=publicationFile

Zillmann, D., Schmitz, A., & Blossfeld, H.-P. (2011). Lügen haben kurze Beine. Zum Zusammenhang unwahrer Selbstdarstellungen und partnerschaftlicher Chancen im Internet. *Zeitschrift für Sozialforschung, Heft 3*, 291-318.

Verzeichnis der Abbildungen

Quellen der Bildzitate

Nr	Quellen
1	Microsoft Office
2	Graphik Autor
3	http://www.primolo.de/archiv/UniDortmund/hp_bilder/maulwurf3.jpg http://www.ornithea.de/Bilder/Fasane/Goldfasan08-08.JPG
4	Graphik Autor
5	http://www.starfish.ch/photos/fishes-Fische/sweepers-Beilbauchfische/Parapriacanthus-ransonneti.jpg http://fotos.piqs.de/7/8/3/1/f/8fe47e8d9483d251104de1404482ed82.jpg
6	http://www.pixeltraeume.de/images/murmeln-1.jpg http://info.kopp-verlag.de/data/image/003_Nachrichten/2011-12/2011-12-27/Diamant_Kapitalanlage.jpg
7	http://www.wissenschaft-online.de/lexika/images/psycho/fff148.jpg http://www.faz.net/aktuell/technik-motor/auto-verkehr/auto-design-das-raster-des-erfolgs-1969880.html
8	Z-Die Schönen Seiten, Nr. 4/12, S. 56
9	http://www.artnet.com/magazine/features/kuspit/Images/kuspit7-23-6.jpg http://www.mainzer-rhein-zeitung.de/foto_mmid,6088.html
10	http://allesevolution.files.wordpress.com/2010/11/1231314956_ryan_reynolds.jpg?w=500 http://static3.moviepilot.de/files/images/0252/3465/minka-kelly_article.jpg?1262568713
11	Microsoft Office
12	Microsoft Office
13	Microsoft Office und diverse unbekannte Bildquellen
14	Microsoft Office

Graphik Autor

15 http://blog.racheshop.de/wp-
content/uploads/2011/03/haessliche_frau_single_witz1-
216x300.jpg
http://venja-anni.elf24.de/web1/venja-
anni/images/adbdb2d0f92db1dab0988c0e7b5babc9_b.jpg
Graphik Autor

16 http://thumb4.ftd.de/preview_xl/Image/2010/04/14/2010041416
3540.8910293.500x375.jpg

17 Homepages der Partnerbörsen

18 Graphik Autor

19 http://www.tabsir.net/images3/ethall.gif

20 http://www.mecook.eu/wp-content/uploads/2011/12/Flirt-beim-
Dinner.jpg

21 Hersteller der Produkte

22 Microsoft Office
http://cdn.petra.de/bilder/gallery_big/sites/default/files/storybild
er/frau-pinsel-make-up.jpg
http://images.canusa.de/img/hotel/hawaii/oahu/disney-
aulani/exterior-pool-paar-abend.cr1716x1146-
200x0.rgb.600x.jpg
http://www.photocase.de/stock-fotos/30011-stock-photo-frau-
arme-haut-schmuck-handwerk-silber.jpg

23 http://www.taproot.com/archives/24813
http://www.idigitaltimes.com/data/images/full/2012/10/16/2165-
lloyd-shapley.jpg

24- Graphik Autor
26

27 Microsoft Office

Bücher vom gleichen Autor

(Alle Bücher sowohl als Print- als auch E-Book)

Die Alpträume des Dr. Thilo Sarrazin

Fakten und Folgerungen aus zu dem Buch
Deutschland schafft sich ab
ISBN: 978-3-8423-9525-1

Der Eurofrust des Dr. Thilo Sarrazin

Fakten und Folgerungen aus und zu dem Buch
Europa braucht den Euro nicht
ISBN: 978-3-8448-9580-3

Die Schlange in uns

Warum und wie wir verführbar sind
ISBN: 978-3-8448-7241-5

Entscheidend

Psychologie und Technik besserer Entscheidungen
ISBN: 978-3-8482-2078-6